LES MYSTÈRES

DU

MONT-DE-PIÉTÉ

PAR

ERNEST CAPENDU.

4

PARIS

ALEXANDRE CADOT, ÉDITEUR,

37, RUE SERPENTE, 37.

LES MYSTÈRES

DU MONT-DE-PIÉTÉ.

OUVRAGES D'ERNEST CAPENDU.

—

Imprimerie de F. Dépée, à Sceaux.

LES MYSTÈRES

DU

MONT-DE-PIÉTÉ

PAR

ERNEST CAPENDU.

PARIS

ALEXANDRE CADOT, ÉDITEUR

37, RUE SERPENTE, 37.

1861

LES

MYSTÈRES DU MONT-DE-PIÉTÉ.

———

Deuxième partie.

———

COURTE ET BONNE.

VI

Le bois de Ville-d'Avray.

Au milieu du salon désert, le vicomte s'arrêta comme si une pensée subite fût venue le clouer au sol.

Il atteignit de nouveau son petit porte-feuille, l'ouvrit vivement et en examina l'intérieur.

A côté des cartes de visite, se trouvait une lettre toute cachetée.

Georges la prit et en considéra l'adresse.

— A monsieur le commissaire de police qui constatera mon décès, — lut-il à voix basse. — C'est cela.

Maintenant, — voyons ce qui me reste d'argent, et si je pourrai au moins avoir un enterrement convenable?

J'avoue que la bière des pauvres et la fosse commune me sourient médiocrement, et j'aimerais mieux encore m'ensevelir dans la mer, une pierre attachée au col, — quitte à être mangé par les poissons, — que de traverser Paris dans cet horrible corbillard.

Il me semble que je dois avoir dans quelques coins un ou deux billets de banque.

Georges ouvrit un des compartiments du portefeuille.

— J'en étais sûr, — continua-t-il mentalement, — en pressant entre le pouce et l'index une petite liasse de papiers vélins revêtus des caractères magiques qui font leur puissance.

Peste ! je suis plus riche que je ne l'imaginais.

Deux billets de mille francs et deux autres de cinq cents.

En tout trois mille.

J'aurai un convoi superbe et on se mettra aux fenêtres pour me voir passer.

Allons : j'aurai jusqu'au bout justifié le vieux proverbe : *courte et bonne !* »

En ce moment l'organe de M° Lefranc s'élevant d'un ton au-dessus de son diapason ordinaire, parvint plus clair jusqu'à Georges qui entendit distinctement :

— Un petit plateau en or massif, portant les armes de France !

— Le plat donné par Louis XIV à l'un de mes ancêtres, en récompense de ce que celui-ci avait envoyé sa vaisselle d'argent dans les coffres de l'État ! — murmura

Georges en pétrissant d'une main fébrile les bords de son chapeau.

On dirait que cet huissier se fait un plaisir de retourner le poignard dans la plaie de ma misère !

Allons ! il est temps de partir... et surtout de mourir ! »

Et, sur cette sombre parole, le vicomte gagna l'antichambre en évitant de traverser la salle à manger.

Un domestique se tenait au centre de la pièce d'entrée.

A la vue du jeune homme, — il saisit un léger par-dessus d'été posé sur une ban-

quette de velours et le lui présenta respectueusement.

— Merci, Joseph, — dit le vicomte, —
en jetant le vêtement sur son bras. — Ces
dames et ces messieurs sont descendus?

— Oui, monsieur,

— Tu as payé tous les domestiques avec
l'argent que je t'ai remis hier?

— Oui, monsieur, — répondit encore Joseph en s'inclinant.

— C'est bien; alors je m'en vais, — dit
Georges en se dirigeant vers la porte donnant sur l'escalier.

Le domestique se précipita vivement au-devant de son maître, et, — posant la main sur le pêne de la serrure :

— Monsieur... — fit-il d'une voix émue.

— Que veux-tu? — demanda le vicomte avec étonnement.

Le domestique hésita.

Il y eut un léger silence.

On entendait toujours la voix de l'huissier et le grincement de la plume du clerc qui courait rapidement sur le papier timbré.

— Monsieur rentrera-t-il? — balbutia Joseph.

— Non, — répondit le vicomte. — Je ne remettrai plus les pieds ici.

Les domestiques sont payés.

Ils doivent partir ce soir.

J'ai cet appartement en horreur.

Je voulais, pour le quitter, oublier mes chagrins, mais messieurs mes créanciers en ont ordonné autrement. »

Puis, après un nouveau silence, Georges reprit avec un peu d'émotion :

— Écoute, Joseph.

Tu m'as servi depuis longtemps, il est juste que tu sois mieux récompensé que les autres.

J'ai sauvé trois mille francs du naufrage.

C'est tout ce qui me reste.

En voici cinq cents pour toi. »

Joseph recula d'un pas.

— Ce n'est pas cela que je demande à monsieur... — dit-il.

— Que veux-tu donc?

— Je ne veux pas quitter monsieur.

— Tu es fou ! Je vais en Australie, en Californie, je ne sais où et je n'ai pas trop d'argent pour m'embarquer seul.

— Mais... — hasarda Joseph, — j'ai cinq mille francs à moi, et...

— Assez ! — interrompit brusquement le vicomte, — tu es un brave garçon... Reste à Paris.

— Non, monsieur.

— Comment, non ?

— Sans doute.

Je ne suis plus au service de monsieur, — je suis libre.

J'ai donc le droit d'aller aussi en Australie ou en Californie si bon me semble, et ce droit je veux en user.

— Joseph !

— Que monsieur ne me défende pas d'agir ainsi, je lui désobéirais ! — ajouta vivement le fidèle valet de chambre.

— Deux douzaines de grands couverts armoriés ! — cria M° Lefranc.

— Toujours l'argenterie de ma mère ! — murmura Georges en serrant violemment contre sa poitrine ses mains crispées.

— J'ai sauvé la timballe dans laquelle madame avait l'habitude de boire, — dit Joseph en baissant la voix.

— Hein ? — fit Georges devenu très-pâle et saisissant le bras du valet.

— Monsieur n'avait donc pas entendu que l'on n'avait appelé que onze gobelets en argent ?

— Si fait, — et cela m'étonnait même un peu. Je croyais qu'il y en avait un égaré.

— Depuis deux jours, il ne quitte pas ma poche.

— Tu as songé à sauver ce gobelet ! — reprit Georges dont les yeux se mouillèrent et dont la gorge se serra. — Ah ! tu es meilleur que moi. Cette pensée ne m'était pas venue.

— Monsieur ignorait que la catastrophe fût si imminente, — répondit Joseph.

— C'est vrai. Et... tu l'as sur toi ce gobelet ?

— Oui, monsieur.

— Donne vite. Je ne veux plus m'en séparer !

Joseph présenta au jeune homme une charmante coupe en argent merveilleusement ciselée.

— C'est là tout ce qui me reste d'elle ! — dit le vicomte en baisant avec amour le précieux objet.

— Deux dressoirs en chêne ! — cria-t-on dans la salle à manger.

—Oh ! — fit Georges avec indifférence, — ils peuvent tout prendre maintenant ! — Peu m'importe.

Comment te récompenser ?

Je n'ai plus rien ! — continua-t-il en s'a-
dressant au domestique qui le considérait
en silence.

— Monsieur sait ce que je désire, — répondit Joseph.

— Ne pas me quitter ?

— Oui, monsieur.

— C'est impossible !

— Impossible ?... et pourquoi donc ?

— Parce que je vais entreprendre un
voyage que je désire accomplir seul.

— N'importe ! je l'ai dit à monsieur, —
je le suivrai.

— Joseph ! — dit sérieusement le vicomte.

Puis, après quelques minutes d'hésitation, il fixa sur le valet son œil clair au regard incisif.

L'expression du visage de Joseph était
telle, qu'il fut clairement démontré au
jeune homme que toute son influence ne
ferait pas changer cette détermination arrêtée.

— Ainsi, tu veux 'absolument me suivre ?
— dit-il lentement.

— Oui, monsieur, — répondit Joseph
d'une voix ferme.

— Tu as bien réfléchi ?

— Oui, monsieur.

— Je ne puis te donner aucun gage.

— Je ne demande rien.

— Je ne sais même pas si je pourrai réussir à te nourrir...

— Je travaillerai avec monsieur.

— Un dressoir en vieux chêne sculpté ! —
cria de nouveau l'huissier.

Georges réfléchissait.

Joseph immobile, devant la porte, attendait la décision de son maître.

— Je pars ce soir, — dit enfin celui-ci.

— A quelle heure?

— Je n'en sais rien encore...

— Où monsieur veut-il que je l'attende?

— Mais, ici.

— Je ne quitterai pas la maison.

— C'est cela, — attends même toute la nuit, si je tardais à rentrer...

— Je ne bougerai pas.

— Eh bien alors, tu vas me rendre un service, — dit le vicomte avec une aisance affectée.

— Je suis aux ordres de monsieur.

Le jeune homme prit dans son portefeuille les trois mille francs qu'il y avait placés, puis les tendant à Joseph :

— Prends cet argent. — C'est tout ce qui me reste.

Un malheur pourrait faire que je le perdisse en le gardant sur moi.

Serre ces billets.

Cette fortune, — si fortune il y a, — est, à partir de ce jour, la tienne comme la mienne, et nous nous donnons au dernier vivant les biens, — ajouta-t-il en souriant doucement.

Joseph prit les billets et les mit dans sa poche.

— Et maintenant à ce soir ou à demain matin, — continua Georges, — ne t'inquiète pas, si je suis en retard, je veux passer gaîment ma dernière journée... à Paris.

Joseph ouvrit la porte d'entrée et s'écarta pour laisser passer son maître.

— Embrasse-moi donc! — s'écria le vicomte avec émotion, — tu m'as fait trop heureux tout à l'heure en me rendant ce gobelet.

Et, — saisissant le valet dans ses bras, — Georges l'étreignit avec tendresse, tandis que le pauvre Joseph, — suffoqué par les larmes, — n'osait rendre à son jeune maître le baiser qu'il venait de recevoir.

— Adieu, — à bientôt ! — dit vivement le jeune homme qui craignait de se laisser aller à une émotion trop grande.

— Monsieur, — dit Joseph à travers ses larmes, — j'espère que j'aurai un jour l'occasion de mourir pour vous.

— Nous tâcherons que ce soit le plus tard possible, — répondit le vicomte en descendant rapidement les marches de l'escalier afin de se soustraire à l'émotion qui l'avait gagné en dépit de ses efforts pour demeurer calme.

Joseph se pencha sur la rampe pour donner un dernier regard à son maître, — puis il rentra dans l'appartement au moment où l'huissier, continuant à dicter l'inventaire, appelait à haute voix :

— Quatre douzaines de verres à vins de dessert.

. . . .

Georges arrivé au premier étage ralentit sa marche :

— Ce pauvre Joseph ! Il n'aurait pas accepté, s'il eût connu la vérité, — murmura-t-il. — Il fallait bien le tromper.

Brave garçon !

Ce sera le seul, j'en suis sûr, qui m'accompagnera jusque là-bas !

Décidément il était écrit que j'aurais le corbillard du pauvre.

Mais, maintenant, cela m'est indifférent ! — continua-t-il en pressant sur son cœur le gobelet d'argent et le portrait qu'il avait décroché dans sa chambre.

Que m'importe la bière en sapin, puisque j'y dormirai placé entre le portrait de mon père et la timbale dans laquelle ma mère a bu pour la dernière fois.

.   .   .   .

Les calèches étaient pleines et les amis de Georges l'attendaient avec impatience.

— J'allais te chercher, — dit Gaston.

— Nous avons cru que tu massacrais les huissiers, — ajouta Henri.

— Et Charles de Rueil et Lucien? — demanda Georges en interrogeant successivement l'intérieur de chaque voiture, sans que ses yeux rencontrassent ceux qu'ils cherchaient.

— Ils sont partis, — dit Gaston.

— Partis! — répéta Georges.

— Oui.

— Pourquoi?

— Je ne sais pas. Ils ont dit seulement qu'ils ne pouvaient nous accompagner.

Georges fit un mouvement d'impatience, puis :

— En route ! — dit-il en s'élançant dans la première voiture. — Cocher ! au bois de Ville-d'Avray.

—- Pourquoi donc avez-vous choisi cette promenade ? — demanda une jeune femme vis-à-vis de laquelle Georges s'était placé.

— Parce que ces bois renferment pour moi de doux souvenirs et que je désire qu'ils soient le but de ma dernière course.

— Ah çà ! vous partez donc réellement ce soir, mon petit ?

— Sans doute, — c'est convenu, arrêté et décidé. — Sur ce, parlons d'autre chose.

La conversation s'anima alors rapidement.

Arrivés dans les Champs-Élysées, — les calèches s'avancèrent deux de front et les plus joyeux quolibets s'élancèrent d'un véhicule à l'autre.

Les voitures traversèrent le bois de Boulogne, suivirent les rives de la Seine et atteignirent bientôt la montée de Saint-Cloud.

Une heure après, elles s'arrêtaient sur la route de Versailles devant les étangs de Ville-d'Avray.

Les promeneurs mirent pied à terre et se jetèrent dans cette partie du bois qui domine les étangs.

Nous ne suivrons pas Georges, ses amis et amies dans l'excursion qu'ils entreprirent.

Disons seulement qu'il pouvait être environ quatre heures lorsque les calèches les déposèrent sur la route.

Il fut convenu que chacun marcherait à sa guise, — seul ou en compagnie, — et que tous se retrouveraient au même endroit, — devant les étangs, — à six heures du soir.

Georges s'était tout d'abord associé à une bande joyeuse composée de quelques femmes, de Laubespin, de Max Dorcy et d'Henri de Ribes.

Puis la bande se désunit peu à peu.

Laubespin, — le premier, — entraîna vers une vallée solitaire la jeune femme dont il s'était fait le cavalier.

Puis ce fut au tour de Max Dorcy à disparaître en compagnie d'une autre femme.

Enfin Henri de Ribes, — sous prétexte de fatigue, fit asseoir la jeune fille, — à laquelle il donnait le bras, — sur un petit banc de mousse situé au centre du carrefour.

Georges demeura seul.

Alors, gagnant la cîme de la colline, il descendit lentement le versant opposé, dont

les derniers plans aboutissent à la route de
Sèvres à Versailles.

Il était cinq heures de l'après-midi lors-
qu'il atteignit une petite clairière voisine de
la grande route.

— Cet endroit doit être fréquenté, — dit-
il, — et l'on m'y retrouvera vite.

Georges voulait bien se tuer, — mais —
par une faiblesse étrange, — il craignait que
son cadavre ne demeurât exposé trop longtemps sans sépulture.

Il s'assit sous un gros chêne dont les ra-
meaux verts s'étendaient au-dessus de sa
tête.

Georges était un peu pâle.

Il tira lentement, de la poche de son habit, le pistolet dont il examina encore l'amorce,

Puis il le posa près de lui, — sur l'herbe.

Ensuite il prit le gobelet d'argent et le portrait qu'il baisa respectueusement.

Ce portrait était celui d'un vieillard, — à la physionomie franche et ouverte, — et dont les traits offraient une ressemblance parfaite avec ceux du vicomte.

— Mon père, — dit Georges en s'adressant au portrait, — je vous demande pardon d'avoir agi comme je l'ai fait, d'avoir mal soutenu le nom que je portais, et si je me tue aujourd'hui, c'est pour que le nom de mes aïeux ne se trouve pas face à face avec la misère.

On pourra dire de votre fils : « — ce fut un fou ! »

Mais rassurez-vous, — mon père, — car on ajoutera toujours : « — ce fut un honnête homme ! »

Puis, — songeant à son passé, — à ce qu'il avait été, — à ce qu'il aurait pu être, — Georges tomba dans un monde de réflexions amères.

— Enfin, — dit-il en passant la main sur son front comme pour en chasser les nua-

ges qui s'y étaient amoncelés, — enfin !
comme disent les Arabes ; — *Les regrets
sont femelles et les actions sont mâles*. Je suis
homme et il est temps d'agir.

Le vicomte ouvrit son portefeuille, en re-
tira la lettre adressée au commissaire, —
lettre qu'il avait écrite antérieurement, et
qui, — par conséquent, — indiquait une
résolution arrêtée d'avance.

Il déchira une feuille de papier blanc, et
se mit à écrire au crayon les lignes qui sui-
vent :

« *Ce papier doit être remis à Joseph, mon
« valet de chambre, qui habite chez moi, rue
« d'Anjou*, 27.

« *Je lui demande pardon de l'avoir trompé*
« *en lui promettant qu'il me reverrait vivant.*

« *Je lui lègue en toute propriété tout ce*
« *qu'il a pu tenir jusqu'à ce jour de ma re-*
« *connaissance pour les soins qu'il me prodi-*
« *guait.*

« *Je lui défends expressément de faire la*
« *moindre dépense pour ma sépulture.*

« *Je désire que l'annonce de ma mort ne*
« *soit pas mise dans les journaux, et donnée*
« *en pâture à tous les niais qui lisent les* FAITS
« DIVERS.

« *Enfin, je veux que l'on place près de*
« *moi, dans mon cercueil, le portrait et le*

« gobelet d'argent que l'on trouvera près de
« mon cadavre.

« Les douze louis qui restent dans mon
« porte-monnaie serviront à récompenser
« ceux qui auront averti les autorités de mon
« suicide, et les hommes qui me transporte-
« ront à Paris.

« Écrit dans les bois de Ville-d'Avray, le
« vingt-cinq mai mil huit cent cinquante-
« cinq.

« Georges de TRIVOUX, V^e DE LAUNAY. »

Le jeune homme déchira un côté de l'en-
veloppe de la lettre, et y introduisit le papier sur lequel il venait d'écrire.

— Maintenant, — ajouta-t-il, — tout est dit.

Alors il se dressa, regarda l'horizon, leva les yeux au ciel et se mit à marcher.

— Si cependant je pouvais vivre! — dit-il en s'arrêtant tout à coup, et en frappant du pied la terre.

Oui, mais pour vivre, il faut d'abord de l'or, et comment en acquérir?

Oh! c'est dans notre siècle surtout, dans ce siècle où la roue de la fortune tourne si rapidement, où l'on glisse si vite du sommet pour tomber dans l'ornière de la misère, que les préceptes de Jean-Jacques Rousseau devraient être appliqués.

Que de suicides seraient rayés de la statistique des décès, si les jeunes gens, nés riches, avaient appris à avoir une valeur individuelle.

Mais non !

A dix-huit ans on sort du collége, on se croit instruit parce que nos pères ont dépensé vingt mille francs pour notre éducation et, en face du besoin, on comprend sa nullité.

Au reste ! il n'est plus temps pour moi de jeter un regard sur la route parcourue. »

Georges fit quelques pas, puis après un geste annonçant une résolution définitive, il revint au pied de l'arbre à l'ombre duquel il s'était assis.

Il demeura un moment immobile, puis il s'agenouilla sur la mousse que la rosée du soir commençait déjà à mouiller.

Il fit une courte et fervente prière, baisa encore une fois le portrait et la timballe et saisit résolûment le pistolet qu'il arma.

. . . .

A sept heures, les amis de Georges ne le voyant pas arriver, se décidèrent à remonter en voiture.

— Il se sera égaré, — dit Henri.

— Il prendra le chemin de fer, — répondit Laubespin.

— Allons au Pré Catelan, il y a première fête de nuit, ce soir, — ajoutèrent les femmes.

— C'est égal ! — fit observer Max Dorcy, — cet imbécile de Georges aurait mieux fait de garder son argent, — puisqu'il n'en a pas maintenant, — plutôt que de nous donner un déjeuner pareil.

— C'est possible, mais nous ne nous serions pas autant amusés aujourd'hui, — répondit Gaston.

— C'est vrai ! —En route!—s'écria-t-on.

Et les voitures reprirent gaîment la route de Paris.

VII

La mère Potard.

Depuis que la fièvre des démolitions s'est emparée de l'édilité parisienne, — à la plus grande joie de messieurs les architectes, — maîtres-maçons, — entrepreneurs et autres, — et au plus grand bien-être de la population de la vieille cité, — peu de quartiers de la capitale ont conservé aujourd'hui l'aspect qu'ils avaient il y a seulement cinq ans.

L'un de ces quartiers, cependant, — et peut-être le seul, — a échappé au bouleversement général et a conservé la physionomie que lui a connue notre jeunesse.

Nous voulons parler de la partie de Paris comprise entre le faubourg Montmartre et le faubourg Poissonnière d'une part, — entre le boulevard et la rue Lamartine de l'autre part.

Ce quartier vif, — bruyant, — animé, — dont la construction générale ne remonte pas à plus de soixante ans, — est percé par une foule de rues toujours encombrées de

voitures, — de piétons, — de chevaux, —
d'équipages, — de promeneurs et de prome-
neuses.

Au commencement de ce siècle, — alors
que l'on édifiait les premières maisons, —
encore debout aujourd'hui, — de ces rues
populeuses, — la maçonnerie n'avait pas atteint le progrès qui, de nos jours, en a fait
un art véritable.

On n'élevait pas encore de palais, — on
bâtissait des maisons; mais si on s'occupait
peu de l'élégance, en revanche on soignait
singulièrement tout ce qui pouvait concourir
à la solidité de l'édifice.

Ajoutons vite que messieurs les entrepreneurs n'avaient pas encore établi leur esti-

mable industrie, laquelle consiste,—comme chacun sait, — à élever à la hâte cinq étages de belle apparence, à les faire habiter par des locataires dont les quittances constatent des chiffres fabuleux, mais ne sont jamais soldées, et enfin, à l'aide de revenus illusoires, à se débarrasser de l'immeuble en faveur du premier niais qui veut bien les honorer de sa confiance.

Aussi, — quoi qu'on en dise, — croyons-nous fermement que le nouveau Paris tombera en ruines, lorsque le vieux sera encore debout.

L'avenir prouvera.

Dans l'une de ces rues, — dont nous venons de parler, — s'élève encore aujourd'hui, — et s'élevait,—par conséquent déjà, en 1855, — une maison d'un aspect singulier, — non par sa construction, — mais par la bizarrerie que formait la différence des nombreux commerces qui y avaient élu domicile.

Cette maison, — haute et d'architecture simple, — était percée, — à chaque étage, — de cinq fenêtres prenant jour sur la rue.

Au centre, au rez-de-chaussée, — une vaste porte cochère ouvrait son gouffre béant, que flanquaient, — à droite et à gauche, — deux boutiques.

Jusqu'ici, — rien de bien étonnant dans cette apparence de l'ensemble, — mais l'originalité était dans le détail.

L'une de ces deux boutiques était habitée,
— à l'époque où se passent les principaux
faits de notre récit, — par un marchand de
vieille ferraille , — peut-être un peu voleur, — mais à coup sûr beaucoup brocan-
teur.

Son *magasin*, — il l'appelait ainsi,—était
un véritable *capharnaüm*, dans lequel tous
les débris des siècles précédents étaient re-
présentés par des échantillons de valeur
équivoque.

Sur le fronton de la boutique on lisait :

DOUBLE-CHAÎNE,

vend et achète les marchandises d'occasion.

L'autre boutique était occupée par un bijoutier, — horloger, — orfèvre, — marchand de porcelaines.

Les pendules, — les vases, — s'étalaient dans la montre de gauche.

Les épingles, — les broches, — les boucles d'oreilles, — les montres, — garnissaient l'autre côté du magasin, et des chaînes d'or serpentaient le long des vitres.

Sur la porte, — garnie d'une glace double, — était tracé en caractères de cuivre appliqués :

LACASSETTE,

bijoutier-orfèvre.

Puis au-dessous de ces deux lignes :

ICI

ON ACHÈTE L'O.,

L'ARGENT

ET LES BIJOUX.

Enfin, — encore au-dessous, — et collée sur le châssis de bois formant le panneau plein de la porte, — était une affiche blanche, sur laquelle on lisait, — en caractères noirs tracés à la main

On achète les reconnaissances
du Mont-de-Piété.

Voilà pour le rez-de-chaussée.

A l'entre-sol, trois des cinq fenêtres, —

formant façade, — étaient garnies d'écussons.

L'un de ces écussons portait ce mot :

MODES.

L'autre, ce simple nom :

LÉCROU.

Le troisième :

ANATOLE, — *coiffeur*.

Au-dessus des fenêtres de l'entresol, une énorme bande de bois peinte en blanc courait sur toute la largeur de la maison.

Sur ce cartouche volumineux se dessinait, — en noir, — cette inscription :

MONT-DE-PIÉTÉ,

Bureau auxiliaire

Une lanterne plantée au-dessus de la fenêtre formait le centre et s'avançant sur la rue, — comme une potence, — répétait, — sur ses vitres, — la même inscription.

La fenêtre du centre du troisième étage disparaissait, —elle, — sous un tableau gigantesque.

Nous disons *tableau*, — et avec intention, car il s'agissait de peinture.

En effet, — à gauche, — sur ce tableau,

— était représenté un caleçon d'homme, — à droite un bas rembourré.

Entre le caleçon et le bas, on lisait :

CUISSARD.

MAILLOTS.

Le reste de la maison était pur de toute inscription et de toute enseigne.

Mais si, — du quatrième étage à la toiture, — le badigeon avait été respecté, — il disparaissait complètement du troisième étage jusqu'au trottoir.

Quand nous disons *trottoir*, — nous avons grand tort de nous servir de cette expression, qui semble désigner le bitume ou les

dalles, — car l'espace qui séparait les boutiques du ruisseau ne se distinguait, du milieu même de la chaussée, que par le plus
mauvais état de ses pavés.

La porte cochère, — dont l'un des bat-
tants épais, — armés d'énormes têtes de
clous et peints en vert sombre, — restait
fermé toute la journée, — et mieux encore,
— comme on le pense, — toute la nuit, —
la porte cochère, — disons-nous, — donnait accès sous une voûte un peu basse, —
sombre et enfumée par un quinquet pou-
dreux accroché au mur de droite, et qui
semblait promettre, — pour le soir, — une
clarté plus ou moins réelle, — promesse
qu'il tenait assez irrégulièrement, surtout
passé neuf heures.

A gauche, — sous le vestibule de la porte,
on voyait écrit sur la muraille :

LES BUREAUX DU MONT-DE-PIÉTÉ

au 2ᵉ étage.

Au-dessous, sur un cartouche :

LÉCROU.

agent d'affaires

donne des consultations de 10 heures à 2.

(Entresol)

DISCRÉTION GARANTIE.

Enfin, sur le mur de droite, — celui mi-

toyen avec la boutique du bijoutier, — était
collée une affiche jaune rédigée ainsi :

ACHÈTE DIAMANTS, BIJOUX

ET PAYE
L'ARGENTERIE PLUS CHER QUE LA MONNAIE

—

Achète toutes espèces de Marchandises.
ACHÈTE LES RECONNAISSANCES
DU MONT-DE-PIÉTÉ.

—

Boutique ci-contre ☞

En avançant davantage vers la cour, à
gauche, — on apercevait en lettres noires
peintes sur un fond bois, ces paroles sacra-
mentelles : *Parlez au portier*, surmontant
une petite porte vitrée, décorée d'un rideau
en loques, jadis à carreaux rouges et blancs

et pour le moment d'une couleur insaisis-
sable.

Derrière ce rideau se trouvait la loge, —
éclairée par un châssis vitré donnant sur
l'escalier.

Comme notre intention n'est pas de con-
duire immédiatement le lecteur d'étage en
étage, mais bien de l'amener tout d'abord
sur le lieu même de la scène, — nous le
prierons d'entrer avec nous dans l'appartement de madame la concierge.

Un papier, qui jadis avait été probablement à ramages gris sur gris, mais qui n'of-
frait plus alors que les dessins capricieux
formés par une innombrable quantité de taches de graisse, tapissait les murailles.

En face du châssis vitré se trouvait un poêle en fayence dont le dessus était disposé pour servir de fourneau.

A côté du poêle, une antique bergère boitant sur trois pieds de faux acajou.

Devant la bergère, — une chaufferette.

Au fond de la pièce, — en regard de la porte d'entrée, — se dressait un lit en bois peint recouvert d'un couvre-pieds, et surmonté par une flèche en bois doré d'où s'échappait deux rideaux.

Couvre-pieds et rideaux en étoffe jaune à rosaces rouges.

Au pied du lit on voyait une petite table

en noyer recouverte d'une toile cirée à dessins de fantaisie.

Sur cette table étaient pêle-mêle, deux bouteilles entamées, une soupière, un pot à eau, un morceau de fromage d'Italie, enveloppé d'un papier gras, une boîte au lait et deux paires de souliers en satin blanc, — souliers nommés en argot de coulisse : chaussons de danse.

Trois chaises de paille complétaient l'ameublement.

Quant à l'ornementation des murailles : elle consistait, — d'une part, en un tableau noir percé régulièrement de clous à crochets et servant aux locataires pour y suspendre leurs clefs, — de deux gravures représentant, — l'une les neuf Muses, — l'autre un balcon espagnol orné de la senora de rigueur et du matador amoureux, — enfin de trois couronnes en papier vert imitant les feuilles du laurier.

Mais la pièce principale, — le véritable objet d'art, — était un cadre ovale doré appendu à la muraille à la tête du lit, et renfermant sous verre un bouquet de fleurs d'oranger que le temps avait fait passer d'abord du blanc au jaune puis du jaune au gris sale.

Au moment où nous pénétrons dans la maison, la porte de la loge, légèrement entrebäillée, permettait d'admirer toutes ces merveilles.

Cependant la loge était vide.

Il était dix heures du matin, et la concierge, — suivant le précepte d'Horace, — *utile dulci,* — balayait la cour de son immeuble tout en continuant une conversation commencée avec la locataire de l'entresol sur la cour, — laquelle locataire, — appuyée sur la barre d'une fenêtre, — était elle-même en train d'éplucher des légumes.

Comme ces deux femmes doivent jouer un rôle important dans notre récit, nous demanderons au lecteur la permission de les lui présenter immédiatement.

La concierge se nommait Euphémie Potard.

C'était une femme de cinquante ans environ, petite, courte, ramassée, grise de cheveux, rouge de teint et violette de nez.

Ses petits yeux verts avaient une vivacité incroyable.

Des mèches de cheveux grisonnants s'échappaient de dessous un madras noué négligemment sur sa tête.

Une robe jadis bleue, un caraco à ramages, un tablier à bavette, des bas de laine noire, et des chaussons de lisières claqués complétaient ce costume qui ne brillait, — comme on le voit, — ni par la richesse, ni par l'élégance.

Au reste, la personne qui le portait était

loin de relever par ses grâces personnelles
ce qu'il pouvait avoir d'ultrà-négligé.

Madame Potard, — ou plutôt la mère Potard, — ainsi que la nommaient familièrement les locataires, — possédait au plus
haut degré ce type commun particulier à
bon nombre de créatures peu favorisées de
la nature.

Sa voix, enrouée naturellement, avait encore été altérée davantage par l'abus des
liqueurs fortes.

Appuyée sur son balai ou frottant ses es-
caliers, — elle semblait le parfait modèle de
la portière, — plastiquement parlant, — et
certes, si, — par la grâce de l'illustre père
Saint-Simon, — toutes les classes de la so-

ciété eussent été condamnées à habiter un même phalanstère, nul doute que la mère Potard n'eut été vouée, — avec des acclamations unanimes, — à la profession qu'elle exerçait, tant le ciel paraissait l'avoir créée et mise au monde pour cette honorable condition.

Et pourtant, sous cet extérieur modeste, la concierge possédait une imagination exaltée.

Jeune encore, — elle avait épousé un coiffeur-parfumeur de la rue de Richelieu.

C'était vers 1825.

La mère Potard avait alors dix-huit ans.

Ses cheveux étaient blonds, sa peau blanche, — son nez ne possédait pas encore cette teinte violacée qu'il devait revêtir plus tard, — ses joues n'étaient que roses, — sa jambe était fine, — son bras dodu, — ses épaules rondes et son sourire provoquant.

Aussi le jeune ménage, coiffant, rasant, frisant, parfumant à qui mieux mieux les pratiques attirées par le minois fripon de la parfumeuse, voyait ses affaires prospérer.

Mais, hélas ! l'argent ne fait pas le bonheur.

Du moins Euphémie pensait ainsi, — à cette époque reculée.

M. Potard, — parfait coiffeur au reste, — était un piètre mari.

Toujours les doigts enfoncés dans quelques postiches qu'il tressait habilement, — il ne répondait pas toujours aux soupirs étouffés qu'exhalait sa tendre moitié.

Bref, — Euphémie voulait être aimée d'amour, et elle s'aperçut promptement, à son grand chagrin, que son illustre époux ne comprenait, en fait de passion, que celle des perruques.

A cette découverte, — Euphémie soupira plus fort que jamais.

Heureusement ou malheureusement, — comme le lecteur voudra, — Euphémie ne

fut pas la seule à s'apercevoir du peu d'idéa-
lisme de son époux.

Parmi les nombreux clients du coiffeur-
parfumeur se trouvait un jeune officier à la
tournure élégante , au langage hardi, à la
moustache noire et aux gestes entreprenants.

Sous prétexte de faire soigner sa chevelure, il venait au magasin de la rue de Richelieu ; — sous-prétexte de lui porter des
gants et des cravates, Euphémie alla chez le
séduisant officier.

On chantait alors : *Charmante Gabrielle*.
— Le jeune officier avait de la voix, — Euphémie possédait quelques dispositions musi-
cales. — Les leçons furent un autre prétexte
à des tête-à-tête souvent renouvelés.

Bref. — Le jeune homme partit pour rejoindre son régiment, et Euphémie l'accompagna, laissant Potard en proie au désespoir.

Huit mois après, — le pauvre amoureux était tué en duel et sa victime constatait dans sa santé un de ces changements notables auxquels on ne peut se tromper. — Elle allait être mère.

Privée de son amant, — sans moyens d'existence, la malheureuse femme eut foi dans le grand cœur de son époux.

Elle lui écrivit sa position désespérée.

Défaut d'organisation ou bonté de cœur

naturelle, — Potard avait les glandes lacry-males d'une faiblesse extrême.

En recevant la lettre de son infidèle, — en en prenant connaissance, — il ne se fâcha pas, — il pleura.

Il poussa même l'attendrissement jusqu'à lui envoyer cent francs par la poste pour qu'elle pût revenir près de lui.

Huit jours après, Euphémie trônait de nouveau dans son comptoir comme si de rien n'avait été.

Quatre mois plus tard, elle faisait don à la patrie et à son époux d'une petite fille char-mante qui fut inscrite à la mairie sous les noms de Geneviève-Eudoxie.

L'enfant vécut peu et une maladie l'emporta au bout de quelques mois, laissant inconsolable le malheureux Potard qui la chérissait.

La révolution de 1830 arriva.

Les pratiques, qui se composaient surtout d'officiers de la maison du roi, firent faute à l'établissement, mais la gentillesse d'Euphémie devenue presque proverbiale attira bientôt la jeune bourgeoisie composant les *dandys* de l'époque.

Pendant quelques années, ce fut une sorte de vogue que d'aller se faire coiffer chez Potard.

La diplomatie elle-même fit chorus.

Aussi en 1833, — Euphémie, séduite par les galanteries d'un auditeur au conseil d'Etat, abandonnait-elle de nouveau son ménage, laissant encore une fois le malheureux Potard réduit au désespoir.

Le conseiller d'Etat ne fut pas tué, lui, mais il se maria, ce qui revint absolument au même pour la parfumeuse.

Enhardie par son premier succès, elle reprit la plume et Potard, au bout de deux années de solitude, — qui lui pesaient fort, — ouvrit, — comme par le passé, — ses bras à l'Ariane.

Cette fois, seulement, — elle revenait seule.

Euphémie s'arrangeait assez bien de ces petites fugues, puisque le port de salut lui était toujours ouvert pendant la tempête.

Ce fut ainsi qu'elle accomplit plusieurs tournées successives dans les départements de la France et dans les pays étrangers.

Potard s'habitua si bien à ces petites absences qu'elles ne lui causaient plus aucun étonnement.

De leur côté, les clients après en avoir ri, — finirent par ne plus y faire attention.

Euphémie revenait un beau jour, — reprenait sa place au comptoir, — et tout était dit.

Cet agréable train d'existence dura jus—

qu'en 1838 , époque à laquelle Euphémie
accoucha d'une autre petite fille dont Potard
se vantait partout d'être le père, — tandis
que sa femme, — en l'écoutant, — souriait
à un premier clerc de notaire, — nouveau
client de son mari, — et qu'un grand capi-
taine de cuirassiers, — ancienne pratique de
la maison, — se lissait la moustache d'un air
conquérant.

La couche fut pénible.

Euphémie s'en releva mal et des suites
malheureuses vinrent détruire en peu de
temps tout ce qui lui restait de jeunesse.

Jusqu'alors la petite madame Potard, —
comme on la nommait, — n'avait connu

que les joies de l'existence, — il lui restait
à en connaître l'amertume.

Potard fut rapidement enlevé par une
fièvre cérébrale.

Euphémie, devenue laide, resta veuve
avec son enfant.

Cependant la maison marchait assez bien,
le commerce était florissant, et avec de la
conduite on aurait pu se tirer d'affaire, mais
Euphémie avait toujours le cœur sensible.

Elle s'éprit de son premier garçon.

Le drôle, — abusant d'un physique avan-
tageux, — se donna des airs de matador.

Euphémie, qui depuis longtemps avait vu

les galants s'envoler, — courba la tête sous
les exigences du lovelace perruquier.

Ce séducteur se nommait Hector.

Doué d'un mauvais naturel, — s'adonnant
à la boisson, — il battit la pauvre femme,
dépensa ses économies, — chassa les prati-
qùes par ses propos grossiers et, lorsque la
maison resta nue, il partit à son tour.

Euphémie avait trente-neuf ans et sa fille
six à peine.

L'enfant avait été baptisée sous le prénom
de Marcelle.

Sa mère chercha à la placer dans une
maison de charité sans y pouvoir réussir.

Il fallait donc s'efforcer de suffire à ces
deux existences.

Euphémie entreprit des ménages et gagna
tant bien que mal le pain nécessaire.

Enfin le destin eut pitié d'elle, — elle
obtint, — sur recommandation, — une place
de concierge et fût s'installer dans la maison
que nous connaissons six mois avant que la
révolution de 1848 n'éclatât.

Ce fut ainsi que la parfumeuse devint
portière, — ce fut ainsi que la gentille Euphémie devint la mère Potard.

Néanmoins Marcelle grandissait.

En grandissant elle embellissait.

Ses beaux cheveux châtains bouclés naturellement, — ses grands yeux bleus aux
regards doux et limpides, — ses lèvres roses
et mignonnes, — ses mains et ses pieds d'une
finesse extrême en faisaient la plus ravissante enfant que l'on pût voir.

La mère Potard voyait se révéler ces
beautés avec une satisfaction évidente.

Et cependant, — il faut bien l'avouer, —
les calculs de la spéculatrice entraient dans
cette satisfaction pour plus que l'amour de
la mère.

La mère Potard se reprenait souvent à
rêver cachemires et diamants, — somptueux
appartements et cave bien garnie, — voitures même et grands laquais.

On a beau vieillir, — le cœur reste souvent jeune.

Elle voyait dans la beauté naissante de Marcelle un moyen de satisfaire plus tard ses ambitions.

Au quatrième étage de la maison dont elle était concierge habitait un chef de ballet de l'Opéra.

Un jour que la petite Marcelle dansait dans la cour aux sons d'un orgue de Barbarie, — cet homme, s'adressant à la mère Potard, lui demanda brusquement si elle voulait envoyer sa fille à la classe de danse.

On pense que la mère Potard accepta avec empressement.

Le lendemain Marcelle prenait sa première leçon, et dix-huit mois après, elle était incorporée dans le corps de ballet à raison de vingt-cinq francs d'appointements par mois.

A l'époque où nous conduisons le lecteur dans la maison que surveillait l'ex-parfumeuse, — Marcelle était depuis sept ans à l'Opéra, — elle avait cinquante francs par mois et postulait pour entrer dans les coryphées.

Madame Potard se livrait plus que jamais à ses rêves d'ambition, car l'adolescence avait tenu ce que la jeunesse promettait, — la jolie enfant était devenue une délicieuse jeune fille, — mais cette ambition rencontrait un obstacle inattendu dans les dispositions morales de Marcelle, — disposi-

tions que le cours de ce récit établira suffisamment sans que nous ayons à les détailler
ici.

Quant à l'interlocutrice de la concierge,
— la locataire qui épluchait ses légumes à
la fenêtre du premier, — c'était une grande
personne de quarante-cinq ans, maigre et
sèche, brune de cheveux et de peau, femme
du coiffeur dont le petit nom était sur l'enseigne que nous avons citée, mais qui de
son nom de famille se nommait, lui, Frémichon.

Madame Frémichon avait sept ans de plus
que son époux, et elle exerçait, pour son
compte particulier, la profession de marchande à la toilette.

La mère Potard s'était liée avec elle d'une étroite amitié, — amitié qui, plus tard, — ainsi que nous le verrons, — devait porter ses fruits pour toutes deux.

Nous sommes le jour même où le vicomte de Launay donnait à ses amis son déjeuner d'adieu au monde, et, — remontant de quelques heures en arrière, — nous présentons la mère Potard à l'instant même ou M⁰ Lefranc entrait dans le salon de la rue d'Anjou-Saint-Honoré.

Et maintenant, que le lecteur nous permette d'aller au-devant d'une objection qu'il pourrait nous faire : qu'il ne s'effraye pas de la multiplicité des personnages que nous mettons en scène.

En entreprenant notre œuvre, en mettant
en tête de notre livre LES MYSTÈRES DU MONT-
DE-PIÉTÉ, — nous ne nous sommes pas illu-
sionné sur l'importance de l'ouvrage.

Le *Mont-de-Piété* s'adresse à toutes les
classes de la société auxquelles il ouvre ses
portes, depuis la plus basse jusqu'à la plus
élevée.

C'est un panorama social que celui qui se
déroule dans ces bureaux où la misère, —
le besoin, — le plaisir, — la folie condui-
sent régulièrement.

Amoindrir notre cadre serait être indigne
de notre titre.

Nous voulons, — non-seulement intéresser et amuser, — mais encore faire une peinture exacte des mœurs d'une époque, et pour que notre livre atteigne le but, il faut que nous ne reculions pas devant l'étendue des scènes.

VIII

Les deux amies

— A propos, — madame Frémichon, —
dit tout à coup la mère Potard, qui, s'arrêtant au milieu de la cour, appuya ses deux
mains sur le manche de son balai et son
menton sur ses deux mains, — à propos,
êtes-vous allée à l'Opéra avant-z-hier?

— Non, — je n'ai pas pu, — répondit la marchande à la toilette en grattant délicatement un navet, — je suis été chez une duchesse qui m'avait fait venir pour des dentelles pendant que son mari était à son club.

— Comment? une duchesse qui n'ose pas acheter des dentelles devant son mari?

— Eh oui, ma chère, il y en a plus d'une comme cela.

— Pas possible !

— Parole d'honneur !

— Ah ! jour de Dieu ! si j'étais duchesse, c'est moi qui en aurais des dentelles à revendre !

— On n'a pas besoin d'être duchesse pour cela.

— C'est vrai, mais encore faut être fortunée !

— Eh ! ma chère madame Potard, le jour où Marcelle le voudra bien, je me charge de vous en vendre des dentelles, moi, à ce que vous ne sachiez plus qu'en faire.

— Oui, — murmura la concierge, — mais Marcelle ne veut pas.

— A propos de votre fille , j'ai quelque chose à vous dire.

— Quoi donc?

— Un mystère !...

— Dites toujours.

— Je ne veux pas vous crier cela par la fenêtre.

— Eh bien ! descendez.

— Et mes légumes ?

— Vous les finirez dans ma loge, — je vous aiderai.

— Eh bien, je descends.

— Ah ! — fit vivement la mère Potard en voyant son amie prête à se retirer de la fenêtre, — puisque vous venez chez moi, apportez donc un peu ce restant de malaga que nous n'avons pas fini hier soir. — J'ai des maux d'estomac, et je crois que ça me fera du bien.

— Gourmande ! — répondit madame Frémichon en souriant et en refermant sa fenêtre.

La mère Potard déposa son balai dans un angle et se hâta de regagner son domicile.

Deux minutes après, les deux femmes, assises l'une près de l'autre, se disposaient à renouer la conversation.

. . . .

— Quoi donc que vous avez à me dire de ma fille ? — demanda la concierge.

— Dame ! c'est bien délicat, — répondit

madame Frémichon en versant du malaga dans un verre et en faisant une grimace.

— Bah ! dites toujours.

— Vous le voulez ?

— Oui. — A la vôtre ! — fit madame Potard en portant le verre à ses lèvres.

— Vous savez, ma chère, que votre fille est sans contredit la plus jolie du corps de ballet ?

— Je m'en vante.

— Elle vous a des yeux, des cheveux, une taille, une jambe à faire tourner bien des têtes.

— Est-ce que vous en connaissez qui ont tourné ?

— Eh ! eh ! j'en sais trois ou quatre qui sont tout à l'envers.

— Vrai ?

— Foi d'honnête femme.

— Contez-moi cela bien vite, — dit la concierge en se rapprochant de sa voisine, et en prenant un air câlin, — vous savez, m'ame Frémichon, ça flatte l'amour-propre d'une mère toutes ces petites bêtises-là ! — C'est pas pour dire, mais moi j'aime tant ma fille que je la crois digne de l'amour d'un roi, et que je ne serais pas étonnée quand vous me diriez qu'un prince...

— Nous n'en sommes pas encore là, — interrompit madame Frémichon, — ça pourra venir, je ne dis pas, mais pour le quart d'heure, il s'agit de personnes moins titrées.

— Enfin... dites tout de même.

— D'abord, depuis que vous conduisez votre Marcelle à l'Opéra, vous n'ayez pas été sans vous apercevoir qu'il y a un auteur qui tournaille autour d'elle ?

— Oui... oui, — j'ai bien vu son manége. —Mais un auteur, à quoi que ça mène ?

— A avoir des rôles donc.

— Des rôles ! Cette pauvre chérie n'est pas encore seulement coryphée, et depuis six mois ils nous font droguer, tous ces monstres de l'administration, pour ne rien donner que des promesses.

— Eh bien ! — ces promesses, l'auteur en question pourrait les faire réaliser.

— Possible, — mais tout ça nous conduira à avoir vingt-cinq francs de plus par mois. La belle poussée ! — Dans un an on ne s'occuperait pas plus de Marcelle que si elle n'existait pas. Et puis, d'abord, moi j'ai des principes. — Un auteur, ça n'a que des dettes, et je méprise ces gens-là !

— C'est votre dernier mot ?

— Oui.

— Eh bien ! touchez là, — vous raisonnez comme un ange.

— Dame ! on a oublié d'être bête. — Ah çà mais, — reprit madame Potard après un instant de silence, — il vous en a donc parlé, lui ?

— Qui ?

— L'auteur.

— Certainement.

— Tiens ! tiens ! tiens ! et quand donc qu'il a eu ce front-là ?

— Lundi soir, — vous savez, quand j'ai été chercher Marcelle parce que vous étiez occupée ?

— Comment qu'il vous a dit cela ?

— Il m'a prise à part et il m'a demandé si
c'était vrai que Marcelle…

— Chut ! — fit vivement madame Potard.

— Quoi ?

— Voilà du monde !

Effectivement, une femme, — descendant
par le grand escalier, — opérait son entrée
dans la loge.

La portière lui sourit gracieusement.

— Tiens ! — fit madame Frémichon, —
c'est mademoiselle Pigrillard.

C'était bien, — en effet, — mademoiselle Anastasie que nos lecteurs connaissent.

Elle habitait, — au quatrième étage, — au-dessus du ménage Cuissard, — un petit logement dans la maison du *Mont-de-Piété*.

Anastasie salua amicalement les deux commères.

— Ça va bien ? — lui dit la marchande à la toilette.

— Mais, pas mal, — répondit Anastasie.

— Vous êtes remise des fatigues de la noce, hein ? — demanda la concierge.

— Moi ? — Je n'y pense plus. Prête à recommencer. Au reste, — pour ce que je m'y suis amusée à celte noce, — ce n'est pas la peine d'en parler.

— C'était mesquin ?— dit madame Frémichon avec une grimace de dédain.

— Horriblement, ma chère.

— Je croyais qu'ils avaient bien fait les choses ?

— Qui cela ?

— Les Marescot et le Buchené.

— Eux ?

— Oui.

— Ils en sont incapables.

— Mais Cuissard m'avait dit hier...

— Oh ! — interrompit mademoiselle Anastasie, — les Cuissard ne sont pas difficiles. Pourvu que le mari boive et aille au café, — pourvu que la femme mange et dise des niaiseries, — ils sont contents tous deux.

— Alors, c'était petit ?

— Digne des Marescot et de Buchené. La vieille folle couperait un liard en quatre et se servirait des morceaux, et quant au Buchené...

Le facteur de la poste, — qui entrait en ce moment sous la porte cochère, — interrompit la conversation.

— Une lettre ! — fit l'employé en s'adressant à la concierge.

— Est-ce affranchi ? — demanda celle-ci.

— Oui.

— Alors, donnez ! Pour qui ?

— M. Lambert ! — dit le facteur.

— Lambert ? — répéta la concierge.

— Oui.

— Connais pas.

— C'est ce que je me disais : je n'ai pas encore vu ce nom-là chez vous, madame Potard.

— Alors, remportez !

— Mais, cependant...

— Quoi ?

— Il y a bien la rue et le numéro.

— Connais pas, que je vous dis.

— Alors...

Le facteur rejeta la lettre dans sa boîte.

— Ah ! — fit la portière, — attendez donc ! Lambert ! Mais c'est le nom du petit jeune homme d'avant-hier. Je n'y pensais plus, moi ! Ça n'a pas l'air de grand'chose, mais faut lui prendre ses lettres tout de même. — Donnez !

Le facteur remit la missive à la concierge et disparut.

— Vous avez donc un nouveau locataire ! — dit Anastasie avec curiosité.

— Oui, — répondit madame Potard.

— Depuis quand ?

— Depuis deux jours.

— Mais ce n'était pas l'époque du terme.

— Le logement était vacant, et il l'a pris tout de suite.

— Quel logement ?

— La petite chambre du cinquième, au-dessus de vous.

— Et c'est un jeune homme?

— Je crois que oui. Je ne l'ai pas bien re-
regardé. Un du cinquième, ça n'a pas d'importance, et ça avait payé un terme d'avance,
— mais pas de meubles...

— Et il se nomme ! — demanda Anastasie.

— Lambert.

— Lambert... quoi ?

— Lambert... rien du tout.

— Il n'a pas d'autre nom ?

— Non !

— Tiens ! tiens ! tiens ! — fit Anastasie en réfléchissant.

— Quoi donc ? — dit madame Frémichon.

— Rien !

En ce moment un roulement de voiture retentit dans la rue.

Deux heures sonnaient à l'horloge de Notre-Dame-de-Lorette.

La voiture dont le roulement avait retenti jusque dans la cour, venait de s'arrêter à la porte même de la maison.

Cette voiture était un élégant phaéton.

Un homme en descendit lestement.

Madame Potard s'était élancée à sa rencontre.

— M. Lécrou ? — dit le nouveau venu.

— Il est chez lui, — répondit la concierge, — à l'entresol, porte à droite.

Le personnage se dirigea vivement vers l'escalier.

— Ah ! — fit Anastasie avec étonnement.

— Quoi ? — dit madame Frémichon.

— M. Raymond !

IX

Maître Lécrou.

Mademoiselle Pigrillard ne s'était pas
trompée : c'était effectivement M. Raymond
qui venait de pénétrer dans la maison.

Tandis que les trois femmes le suivaient
d'un œil curieux, le propriétaire d'Anténor

Marescot, — sans paraître se préoccuper de l'attention dont il était l'objet, — franchissait rapidement les marches de l'escalier conduisant à l'entresol.

Suivant les indications données par madame Potard, — Raymond, — ayant atteint le palier, — tourna à droite et se dirigea vers une porte sur laquelle était une plaque de cuivre portant ces mots gravés en noir :

LÉCROU

Agent d'affaires.

Raymond tourna le bouton, — franchit le seuil, — et pénétra dans une première pièce mal éclairée sur la cour, et dans laquelle un homme d'une cinquantaine d'années, —

pâle, — grisonnant, — souffreteux, — travaillait, assis en face d'un petit bureau de sapin peint en noir.

Le bureau était surchargé de papiers, — de dossiers, — de gros livres.

Au bruit que fit en entrant le nouveau venu, — l'écrivain ne se retourna même pas.

Raymond s'avança dans la pièce.

— Est-il là ? — dit-il.

— Attendez ! — répondit brutalement l'écrivain sans plus se déranger.

— Hein ? — fit Raymond en frappant le carreau du bout de sa canne.

Le scribe leva les yeux :

— M. Raymond ! — dit-il en se dressant avec empressement.

— Il est chez lui ? — répéta Raymond.

— Oui, — monsieur, — oui...

— Seul ?

— Oui.

— Bien !

— Je vais le prévenir...

— Inutile ! je m'annoncerai moi-même.

Et Raymond, — arrêtant du geste son interlocuteur devenu subitement aussi em-

pressé qu'il s'était montré tout d'abord bru-
tal, — Raymond gagna une petite porte sur
laquelle on lisait :

CABINET.

Il entra sans frapper.

Ce cabinet, — un peu mieux éclairé que
la pièce précédente, — était garni, — tout
autour, — de casiers, — de cartons, — de
tables surchargées de papiers épars.

Au centre était un énorme bureau en acajou.

Devant ce bureau, — assis dans un vieux
fauteuil en marocain, — jadis vert, — maintenant jaunâtre, — sali, — mangé, — se
tenait un homme dont on n'apercevait au

premier abord que le crâne entièrement
dénudé.

Cet homme, — qui se redressa en entendant ouvrir sa porte, et qui lança à Raymond un pâle et grimaçant sourire, cet
homme était M. Lécrou.

M. Lécrou pouvait avoir quarante-cinq
ans en réalité, — mais on avait le droit, —
au premier coup d'œil, — et même au second, — de lui en attribuer largement cinquante.

Jamais tête d'oiseau de proie ne fut mieux
emmanchée sur un corps de cigogne.

M. Lécrou n'était pas maigre, — il était
sec.

Tout son corps paraissait avoir été conservé à l'aide de ces ingénieux procédés dont les Égyptiens avaient seuls le secret.

C'était une momie, — moins les bandelettes.

Un pantalon noir, — usé aux genoux, — luisant aux cuisses, — mangé du bas, — très-collant, — dessinait des jambes dont la peau ne devait recouvrir que les os et les muscles.

Une petite redingote noire, — de même âge que le pantalon et d'une coupe étriquée, — boutonnée du haut en bas, — de façon à cacher la chemise, moulait un torse qui, — mis en comparaison avec celui de madame Pingoin, — eût pu faire hésiter un ostéologiste en quête d'un sujet.

Une cravate blanche, — ou du moins qui avait dû être telle dans des temps très-reculés, et qui du blanc primitif n'en avait conservé que la réputation, — une cravate blanche entourait le col, et ne cachait que fort mal des rides verticales attestant que, — dans sa jeunesse, — M. Lécrou avait été, — sinon gras, — toujours moins maigre.

Sur cette cravate reposait une tête d'une forme des plus bizarres.

Cette tête, — ainsi que nous l'avons dit, — semblait avoir été moulée sur celle d'un vautour.

Le menton était fuyant, — le nez énorme et extrêmement crochu et pointu, — la bouche rentrée, — sans lèvres apparentes et probablement sans dents, — les yeux étaient ronds, — les pommettes des joues très-saillantes, — le front pointu.

Des oreilles petites et plates flanquaient cette tête dont la peau était jaunie comme celle d'un vieux parchemin, et dont le front paraissait immense, car il se prolongeait jusqu'à la nuque.

Des lunettes vertes, — cachant à demi les yeux, — faisaient encore ressortir davantage le ton olivâtre du visage.

Des mains maigres, — osseuses, — noirâtres, — de véritables pattes de singe, —

s'emmanchaient à des bras d'une longueur démesurée.

Tel qu'il était, — M. Lécrou était fort laid, — mais la laideur de son ensemble, — n'était rien encore auprès de celle de l'expression de sa physionomie.

La méchanceté, — la ruse, — la duplicité, — la bassesse, — l'envie, se lisaient sur cette face repoussante, comme si elles y eussent été tracées en toutes lettres.

M. Lécrou pouvait avoir quarante-cinq ans, — avons-nous dit, — et il les paraissait largement.

Depuis quinze ans il exerçait l'honorable profession d'homme d'affaires, c'est-à-dire

qu'il vivait aux dépens de pauvres dupes
qu'il plumait à outrance, — sans s'occuper
de leurs cris, — ne songeant qu'aux plumes
dont il se faisait une couche moelleuse.

M. Lécrou avait été d'abord, — et au
sortir de l'enfance, — saute-ruisseau chez
un avoué.

Puis il était entré comme quatrième clerc
chez un notaire, il était repassé comme second clerc chez un autre avoué, et enfin il
avait été, durant cinq ans, premier clerc
chez l'un des huissiers les plus achalandés
de la capitale.

M. Lécrou connaissait donc jusque dans
ses angles les plus obscurs, dans ses coins

les moins explorés, *l'enragée boutique à pro-
cès.*

Trop pauvre pour acheter une charge,
trop ambitieux pour se résoudre toute sa
vie aux appointements de premier clerc,
M. Lécrou avait jugé, — un beau matin, —
qu'il y avait une heureuse spéculation à
faire en mettant ses connaissances pratiques
à la portée des malheureux qui voudraient
bien l'honorer de leur confiance.

En conséquence, il avait abandonné l'é-
tude de son patron et s'était créé, — de son
autorité privée, — homme d'affaires con-
sultant.

Le titre d'*homme d'affaires* est un peu bien
élastique, en ce sens qu'il peut s'appliquer

à tout : c'est ce qui convenait à la conscience large de Me Lécrou.

Au reste, quand on dit, — *homme d'affaires*, — en parlant des gens exerçant la profession à laquelle s'était voué l'ex-clerc d'huissier, on a tort et très-grand tort.

C'est *homme de mauvaises affaires* qu'il faudrait dire, car chacun sait que ces messieurs ne s'occupent jamais des bonnes, mais uniquement des mauvaises.

Il faut dire, — il est vrai, — que les *bonnes* seraient *mauvaises* pour eux, et que les seules *bonnes*, — à leur point de vue, — sont les *mauvaises*.

Toujours est-il que, — depuis quinze ans

que M. Lécrou avait entrepris son industrie,
— cette industrie prospérait de jour en jour
avec les années, et plus d'une honnête étude
de notaire de province eût envié la clientèle
de l'intelligent *faiseur*.

M. Lécrou possédait sur la place une réputation superbe.

Aucun de ses nombreux concurrents ne
savait, — aussi bien que lui, — faire entendre raison aux créanciers des jeunes dissipa-
teurs.

Aucun n'était aussi âpre à la curée lors-
qu'il s'agissait de la rentrée de créances dou-
teuses.

Aucun ne savait mieux faire monter une

note de frais, en ayant grand soin d'avoir les mains nettes, — en apparence.

Bref, Lécrou était l'un de ces hommes qui ont heureusement su trouver la route qu'ils sont nés pour parcourir.

Il avait été créé pour exploiter les autres, et il les exploitait consciencieusement, — en homme fidèle à sa vocation.

En voyant entrer Raymond dans son cabinet, il s'était redressé vivement, — ainsi que nous l'avons dit, — mettant dans son sourire et dans ses manières à recevoir le visiteur, un empressement tout à fait en dehors de ses habitudes ordinaires, et décelant la haute considération que lui inspirait le nouvel arrivant.

— Bonjour, cher ! — dit Raymond avec un petit geste protecteur.

— Votre très-humble, — cher monsieur, — répondit Lécrou.

— Vous êtes libre ce matin ?

— Oui.

— Je ne vous dérange pas ?

— En aucune façon.

— C'est que j'ai à causer longuement...

— A vos ordres.

— Et si vous préfériez remettre notre rendez-vous ?

— Nullement.

Et Lécrou avança un siége qu'il présenta
à Raymond.

Celui-ci s'y installa en homme habitué à
prendre la meilleure place.

— Je ne vous attendais pas ce matin, —
reprit l'homme d'affaires.

— Non? — dit Raymond.

— Ce n'est pas votre jour.

— Cela est vrai, mais, — je vous le répète, — j'ai à vous parler.

— Il y a du nouveau?

— Oui.

— Pour la grande affaire?

— Toujours.

— Ah ! ah !...

Lécrou attira son fauteuil pour se rapprocher de son interlocuteur.

— Est-ce heureux ? — demanda-t-il.

— Très-heureux ! — répondit Raymond.

— Alors tout marche ?

— On ne peut mieux.

— Voyons ! Contez-moi cela !

Raymond fit une pause.

Puis se rejetant en arrière et étendant ses jambes sur un siége qu'il attira à sa portée

du bout du pied, — il se coucha à demi, —
ferma les yeux, — et levant l'index de la
main droite :

— Anténor est parti, — dit-il.

— Bah ! — fit Lécrou en riant.

— Oui.

— Quand cela ?

— Hier soir.

— Et... sa femme ?

— Est toujours mademoiselle Buchené.

Lécrou se mit à rire.

— Pas possible ! — dit-il.

— Je vous l'affirme ! — fit Raymond d'un ton très-sérieux.

— Et il est parti hier?

— Hier !

— Tout seul ?

— Tout seul !

— Pour Marseille ?

— Mon Dieu oui.

— Mais qui l'a forcé à partir?

— Sa mère.

— La veuve Marescot ?

— En personne !

— Ah ! voilà qui est trop drôle ! comment cela s'est-il passé ?

— De la façon la plus simple.

— Dites vite !

— Vous vous rappelez l'évanouissement après le souper.

— Le jour de la noce ?

— Oui !

— Parbleu !

— Anténor était brisé. La dose était forte et il fut malade toute la nuit, toute la journée du lendemain et même aussi la nuit suivante.

Mais malade sérieusement, à être con-
damné à retourner à son lit de garçon.

— Et Adolphine? — dit Lécrou.

— Elle passa la première nuit avec madame Marescot auprès de son mari souffrant,
et le lendemain matin à neuf heures Julien
était chez eux avec Lépervier.

— Lépervier? — dit Lécrou.

— Oui.

— Pourquoi faire ?

— Pour jouer son rôle, pardieu !

— Quel rôle?

— Celui de médecin.

Lécrou se mit encore à rire mais plus fort que la première fois.

— Lui ! un clerc d'huissier ! en médecin ! — dit-il.

— Il en avait l'habit noir et la cravate blanche, — répondit Raymond.

— Et il a donné consultation ?

— Du plus grand sérieux. Julien le présenta comme un savant docteur étranger.

— Il devait être superbe !

— Il a été fort convenable.

— Bref, il a examiné le malade ?

— Avec un aplomb merveilleux et il l'a

déclaré atteint d'une maladie dont, — ma foi ! — j'ai parfaitement oublié le nom.

— Cela ne fait rien. Après ?

— Il a ordonné des calmants et des rafraîchissants.

— J'aurais voulu être là !

— Il a pris à part M. Buchené et madame Marescot. Il les a emmenés dans une pièce voisine.

— Il a donné une consultation ?

— Oui.

— Et le résultat ?

— A été qu'Adolphine devait retourner durant quelques jours chez son père.

— Et elle y est retournée ?

— Oui !

Lécrou frappa ses mains l'une dans l'autre.

— C'est trop fort ! — dit-il, — et ces gens-là sont trop bêtes !

— Mais non ! — dit Raymond, — les choses étaient admirablement dessinées.

Il a parlé d'une séparation momentanée à cause de l'état de la santé du malade qui, — disait-il, — pouvait devenir inquiétant si

l'on ne prenait quelques précautions nécessaires.

Bref, — il a demandé une séparation de quarante-huit heures seulement, et pour plus de sûreté, il a commandé vingt-cinq sangsues que la mère Marescot a appliquées le soir même à son fils.

— Superbe! — dit Lécrou.

— Et une purgation pour le lendemain.

— De mieux en mieux. Et les parents ont fait tout cela.

— De point en point! ils ont remercié le docteur!

La mère Marescot et Buchené ont été

d'autant plus convaincus, que Julien leur avait présenté le docteur comme un savant tout à fait hors ligne, et que, quand on lui a demandé le prix de sa consultation, Lépervier a refusé de répondre avec une fierté superbe.

— J'aime Raymond, — a-t-il dit, — ses amis sont les miens, et je donne mes soins à mes amis, — je ne les leur vends pas !

— Ce Lépervier est très-fort ! — dit Lécrou en secouant la tête.

— Très-fort ! — répéta Raymond.

— Vous lui aviez fait sa leçon ?

— Nullement.

— Vous vous en étiez rapporté à lui ?

— Absolument. Je lui avais donné le thème en le laissant libre de composer les variations à sa guise.

— Et vous avez été content de lui ?

— Enchanté.

— Et la chose s'est terminée ?

— De la façon la plus naturelle.

Buchené, convaincu, — a emmené Adolphine et laissé Anténor aux soins de sa mère.

La jeune femme devait être ramenée le surlendemain sous le toit non encore conjugal.

— Et elle?

— Qui !

— Adolphine ! — Qu'a-t-elle dit ?

— Rien, — mais en quittant la pièce où ils se trouvaient, — elle a lancé à Julien un regard dans lequel il a pu lire clairement toute la gratitude de son cœur.

— Bravo !

— C'est un jalon pour l'avenir.

— Mais, — reprit Lécrou après un moment de silence, — le surlendemain c'était hier.

— Oui, — dit Raymond.

— Adolphine devait rentrer chez son mari.

— Oui.

— Eh bien ?

— Eh bien ! elle doit encore y rentrer.

— Bah !

Raymond fit un signe affirmatif.

— Il y a donc eu nouvelle consultation ? — demanda Lécrou.

— Non, — mais avant-hier — Julien est allé chez madame Marescot pour avoir des nouvelles de son cher fils.

Il a trouvé Anténor à peu près rétabli.

Il l'a félicité sur son retour à la santé, bien qu'il fût un peu pâli et que ses traits tirés annonçassent une grande fatigue physique.

— Je crois bien ! — dit Lécrou. — Les sangsues et la purgation !

— Bref, — poursuivit Raymond, — Anténor, — quoique remis de son indisposition, était encore assez peu bien portant pour que Julien osât lui proposer de partir le jour même.

Adolphine était venue le voir, — mais les prescriptions sévères du docteur étaient là — et M. Buchené n'avait pas plus quitté sa fille, que madame Marescot n'avait quitté son fils.

Quand Julien alla s'informer de la santé d'Anténor, — il le trouva avec sa mère.

Il ne dit pas un mot de l'affaire dont j'avais parlé au souper à la vieille femme.

Il vit qu'elle y pensait toujours et il la laissa tourner autour du sujet sans lui tendre la perche pour aborder.

Il avait son plan.

Mais la passion du gain devait l'emporter bientôt sur la discrétion qu'elle s'efforçait d'afficher.

— Cher monsieur Julien, — finit-elle par dire, — et cette affaire...

— Quelle affaire ? — dit Julien en jouant l'étonnement.

— Vous savez bien...

— Mais non.

— Mais si fait...

— Mon Dieu ! madame, — je ne sais ce que vous voulez dire.

— Quoi ! c'était donc un jeu !

— Je ne comprends pas.

La vieille femme perdait patience.

— L'affaire des cinq mille francs de bénéfice ! — finit-elle par dire nettement.

— Ah — fit Julien, — je me rappelle !

— Eh bien ?

— Eh bien ! — dit-il, — en regardant Anténor, — il ne faut plus en parler.

Madame Marescot verdit.

— Comment ! — fit-elle, — il ne faut plus en parler ?

— Non !

— Pourquoi ?

— Elle ne peut se faire.

— Alors c'était un leurre ? — dit-elle en pinçant ses lèvres minces.

— Nullement, — dit Julien comme offensé de cette supposition. — Cette affaire était très-sérieuse, — extrêmement sérieuse, — elle n'est même pas encore terminée,

mais je vous répète qu'il n'y faut plus son-
ger !

— Pourquoi?

— Votre fils est souffrant !

— Il est guéri.

— Non, — dit-il, — il ne pourrait se
mettre en voyage, et il faudrait partir.

— Quand?

— Ce soir même.

— Il partira!

Et se tournant vers Anténor :

— Dis donc à M. David que tu es toujours

à sa disposition, — fit-elle d'un ton aigre,
— dis-lui que tu te portes à merveille, et que
tu es trop heureux de gagner les cinq mille
francs promis !

Anténor balbutia quelques mots pour
obéir à sa mère.

Julien voulut résister, — la vieille folle
insista, — il la laissa devenir pressante.

Anténor, — lui-même, — que sa mère
montait peu à peu, — se joignit à elle, et
Julien consentit.

Buchené survint avec Adolphine.

En apprenant qu'Anténor devait partir
pour gagner cinq mille francs, — Buchené
déclara qu'il allait lui prêter sa malle, et

Adolphine sourit encore en regardant Julien.

— Bref, — dit Lécrou, — Anténor est parti?

— Comme je vous l'ai dit !

— Le soir même?

— Julien l'embarquait par le train-poste.

— Et il est?

— A Marseille.

— Avec vos instructions ?

— Oui.

— Et que va-t-il faire?

— Il va aller trouver Dubois auquel j'ai

écrit. Dubois le gardera avec lui une dizaine de jours.

Il le fera courir de tous côtés, — il l'accablera de comptes à faire, — d'écritures auxquelles Anténor ne comprendra rien.

Puis, — suivant mes ordres, — il le fera partir pour Alger, toujours à la poursuite des cinq mille francs qui se transformeront en sept mille.

Les frais de route seront payés : il n'aura aucune objection à faire. S'il en fait, — on les lèvera, et il partira.

D'Alger, Brunaud, — qui a également mes instructions, — l'expédiera à Philippeville.

De là à Constantine, et il ne sera pas ici avant deux mois, — j'en réponds !

— Et à son retour ? — dit Lécrou.

— A son retour, — répondit Raymond, — il touchera les sept mille francs qu'il aura cru gagner, et sa mère sera enchantée.

— Mais sa femme ?

— Sa femme ?...

— Oui ! — Adolphine !

Raymond sourit.

— Eh bien ? — demanda Lécrou.

— Vous ne devinez pas ?

— Peut-être, — mais dites toujours.

— Eh bien ! quand Anténor reviendra, — lui, — Adolphine, — elle, — sera partie.

— **Vous croyez ?**

— **J'en suis sûr !**

— Et qui la décidera ?

— Moi !

— Vous avez un moyen ?

— Infaillible !

— Très-bien ! — dit Lécrou en s'inclinant.

X

Le plan.

Un léger silence régna dans la pièce.

Raymond prenant dans sa poche un élégant porte-cigare, — en tira un *régalia*, —. coupa le bout, — et, — faisant signe à Lécrou de lui passer une allumette, — se mit à fumer avec la gravité orgueilleuse d'un homme parfaitement content de lui-même.

— Donc, reprit l'homme d'affaires, — Anténor est parti, — Adolphine nous appartiendra, — puisque vous l'affirmez, — tout va bien de ce côté.

— Et des autres aussi, — dit Raymond.

— D'Arcourt ?

— Pas de nouvelles !

— Diable !

— J'ai sa doublure !

— Qui cela ?

— Le petit vicomte.

— De Launay ?

— Oui.

— Vous vous êtes entendus ensemble ?

— Non, — mais nous nous entendrons.

— Comment ?

— Il est fini !

— Complètement ?

— Rasé !

Raymond accompagna ce mot d'un geste
expressif.

— Plus rien ? — dit Lécrou.

— Que des dettes énormes.

— Bon ! encore un de coulé !

— Lefranc a dû opérer chez lui ce matin, pour activer les choses et déterminer promptement la situation.

— De sorte que ?

— Dans quarante-huit heures le vicomte sera sans logis et sans meubles, — sans argent et sans pain...

— Alors ?

— J'irai à lui !

— Et il acceptera ?

— Tout ce que je lui proposerai.

Lécrou secoua la tête.

— Vous doutez ? — dit Raymond.

— Oui.

— Pourquoi ?

— Parce que je connais le vicomte.

— Eh bien ?

— Eh bien ! il a des idées à lui.

— Quelles idées ?

— Par rapport à l'honneur, — aux principes chevaleresques, — à une foule de niaiseries enfin.

Raymond haussa les épaules.

— Sottises ! — dit-il, — on a ces pensées-là tant qu'on a de l'argent. — Quand on n'a plus le sou, on n'a qu'une pensée : celle de faire fortune.

— C'est vrai.

— Donc, — quand j'irai au vicomte ruiné et sans ressources, — quand je lui montrerai de l'or à gagner, — quand je ferai luire à ses yeux l'espérance de continuer cette existence fastueuse qu'il a toujours menée, — il fera tout ce que je voudrai.

— Espérons-le ! — dit Lécrou.

— Soyez sans crainte à cet égard !

— C'est égal ! — j'eusse préféré Lambert.

— Pardieu ! moi aussi, — mais puisqu'on ignore ce qu'il est devenu !

— Il n'y a donc pas moyen de le retrouver ?

— J'ai mis les gardes du commerce à ses trousses.

— Bah ! — fit Lécrou, — belle affaire. — D'Arcourt n'a pas un sou, — c'est connu, — il n'y a rien à gagner avec lui, — pas même un déjeuner, — les gardes ne le prendront pas !

— Si fait ! — il y a cinq cents francs au bout de son incarcération à Clichy.

— Ah ! c'est différent.

— Vous voyez qu'ils chercheront.

— Et ils trouveront.

— J'y compte.

— Alors, le de Launay, — qu'est-ce que vous en ferez?

— Il me servira aussi.

— Mais ça fera deux.

— Il me les faut.

— Toujours pour l'affaire en question ?

— Toujours !

Lécrou se passa la main sous le menton.

— Hum ! —fit-il en réfléchissant,— nous raserons joliment le Code pénal !

—Oui, — dit Raymond, — mais nous ne le toucherons pas !

— Espérons-le ! — dit encore l'homme d'affaires.

— Maintenant que la situation commence à se dessiner nettement, — reprit Raymond, — maintenant que nous sommes certains d'avoir à notre discrétion Adolphine et le vicomte, — à défaut de Lambert, — voyons un peu où nous en sommes.

Vous avez écrit ?

— Oui, — dit Lécrou.

— Et vous avez reçu la réponse ?

— Pas encore !

— Diable ! — c'est bien long !

— C'est qu'il n'y a rien de nouveau là-
bas.

— C'est possible !

— A combien estime-t-on donc décidément la succession du bonhomme ?

— A huit millions !

Raymond se leva et parcourut la pièce.

— Huit millions ! — dit-il en s'arrêtant,
— c'est bien cela ! — Vous voyez que je ne
ne m'étais pas trompé.

— Un joli denier !

— Qui entrera dans notre escarcelle, si
nous sommes intelligents et adroits.

— Et nous le serons.

Raymond fit un signe affirmatif.

En ce moment un coup sec fut frappé à la porte du cabinet.

Lécrou regarda Raymond.

— Voulez-vous être vu ? — dit-il.

— Non ! — répondit Raymond.

— Alors, —passez dans la chambre.

Et Lécrou, — se levant, — alla ouvrir une porte située du côté opposé à celle donnant accès dans la première pièce.

Raymond prit son chapeau et disparut vivement.

Un second coup fut frappé à l'huis.

— Entrez ! — dit Lécrou.

La tête de chat sauvage du scribe apparut par l'entrebâillement de la porte.

— Qu'est-ce que c'est ? — dit l'homme d'affaires.

— C'est une femme qui demande à vous parler.

— Quelle femme ?

— Je ne la connais pas.

— Vous ne l'avez jamais vue ici ?

— Jamais !

— Son nom ?

— Elle a refusé de le dire.

— A-t-elle l'air d'être riche ?

— La dernière misère !

— Il fallait la renvoyer ! — dit Lécrou avec impatience.

— Je le voulais, — mais elle a tellement insisté que je n'ai pas osé la mettre à la porte sans vous prévenir.

— Eh bien ! — qu'elle attende !

— Bon ! — fit le scribe en disparaissant.

Mais il n'eut pas le temps de refermer la porte : une main maigre et décharnée se cramponnant au chambranle empêcha l'action du commis.

— Monsieur, — dit une voix plaintive, — par pitié recevez-moi ?

Lécrou leva les yeux.

Une pauvre femme mal vêtue, — les traits fatigués, — la mine maladive, était sur le seuil de la porte, — dans l'attitude la plus suppliante.

— Eh bien ! — quoi ? — que voulez-vous ? — cria durement l'homme d'affaires.

— Vous parler ! — dit la malheureuse.

— Je n'ai pas le temps !

— Par pitié !

— Laissez-moi tranquille !

— Mais…

— Au diable !

La pauvre femme étouffa un sanglot.

Portant les mains à son visage, — elle repoussa le mouchoir qui entortillait sa tête et recouvrait à demi ses traits.

Le jour venant de la fenêtre, — en face de laquelle elle se trouvait, — éclairait en plein son visage.

Cette femme était la même que celle que nous avons rencontrée sur la place d'Angoulême, à la fin de la nuit durant laquelle avait eu lieu le bal de noce.

C'était la misérable créature que nous avons vue se précipiter vers un morceau de pain, que Cuissard avait failli écraser.

C'était la femme à laquelle Raymond avait jeté l'aumône en s'élançant dans son coupé, et qui était demeurée stupéfaite et comme foudroyée, — à la vue de l'élégant spéculateur.

— Sortez ! laissez-moi en repos ! — je ne puis rien ! — cria Lécrou, en voyant l'immobilité de la pauvre femme.

— Mais j'ai à vous parler ! — balbutia la malheureuse.

— Pourquoi ?

— J'ai à vous consulter, monsieur !

— Je n'ai pas le loisir de vous écouter !

— Cependant...

— Eh bien ! payez la consultation d'abord,
— je vous écouterai après ! — dit Lécrou,
avec une brutalité révoltante.

La pauvre femme étouffa un sanglot :

— Je n'ai rien ! — dit-elle.

— Alors, — laissez-moi tranquille ! —
Antoine, reconduisez cette femme.

— Allons, filez, — ma pauvre femme ! —
dit le scribe en s'avançant, — quand on
veut consulter il faut avoir de l'argent pour
payer !

— Combien est-ce ? — demanda la malheureuse créature.

— Dix francs.

— Dix francs ! — dit-elle en joignant les
mains.

— Tout autant.

— Eh bien ! vous êtes encore là ! — fit
Lécrou avec colère. — Sortez, puisque vous
n'avez pas d'argent pour payer. — Je ne puis
donner consultation gratuitement.

— Alors, écoutez madame et payez-vous !
— dit une voix brève et sonore.

Une pièce de vingt francs alla rouler sur
le bureau de l'homme d'affaires.

Lécrou se leva avec stupéfaction.

Le scribe et la pauvre femme s'étaient retournés vivement.

Un homme, jeune encore et très élégamment vêtu, était sur le seuil de la porte.

Cet homme, qui était entré depuis un moment, — durant l'altercation précédente, avait assisté à une partie de la scène, — et il avait jugé convenable d'y prendre part, ainsi que nous venons de le voir.

— Donnez-vous la peine d'entrer, madame, dit-il en s'adressant à la pauvre femme, — monsieur est payé, — il vous écoutera.

Et, — d'un geste impérieux, — ordonnant

au scribe de sortir, — il referma la porte, — prit un siége, — se plaça près du bureau et invita la femme à prendre place.

Lécrou n'était pas revenu encore de la surprise que lui avait causée cette intervention inattendue.

Cependant, en voyant un jeune homme, à l'extérieur distingué et riche, — il avait immédiatement changé de manières :

— A qui ai-je l'honneur de parler ? — demanda-t-il, en s'adressant à son visiteur.

— Charles de Rueil ! — répondit brusquement celui-ci.

XI

L'homme d'affaires.

Lécrou s'était laissé retomber sur son fauteuil avec un mouvement de résignation.

Charles avait conduit la pauvre femme vers le siége qu'il lui avait offert, et que celle-ci hésitait à accepter.

Cependant, — sur l'instance de son protecteur, — la femme prit place.

Charles demeura debout.

Un court silence régna dans le cabinet de
l'homme d'affaires.

Lécrou, — un instant dominé par l'as-
cendant de Charles de Rueil, — se remit
bientôt, et, — en homme habitué à relever
fièrement la tête qu'il vient de courber, —
il lança vers son visiteur et sa compagne un
regard profond et incisif.

— Est-ce une même affaire qui vous
amène tous deux? — demanda-t-il d'un ton
bref et désagréable.

— Je ne crois pas, — répondit Charles.

— Alors, je ne puis vous recevoir ensemble.

— C'est juste.

Et Charles fit un pas pour se retirer.

— Pardon ! — dit vivement Lécrou, — madame va attendre ! si vous voulez bien m'expliquer ce qui vous amène...

La pauvre femme se leva, et Lécrou lui indiqua, — du geste, — la porte donnant dans la première pièce.

Il pensait, — qu'après avoir écouté Charles, — celui-ci se retirerait et qu'alors il serait libre de congédier la malheureuse dont la présence lui était imposée.

Mais Charles retint, de sa main, la solli-
citeuse.

— Vous étiez la première, madame, —
dit-il du ton le plus poli, — c'est donc à
vous à demeurer ici et à moi à attendre.

— Mais... — balbutia la pauvre femme.

— Restez !

— Cependant...

— J'ai tout le temps d'attendre, — madame, — ne craignez pas de parler longuement.

Puis, — s'adressant à Lécrou :

— Votre consultation est payée, — dit-il,
— donc, écoutez madame !

Lécrou devint vert, de l'accès de colère sourde qui excitait sa bile.

— Monsieur, — dit-il à Charles, — vous avez une façon de vous exprimer que je ne puis admettre.

— Comment? — fit M. de Rueil du ton le plus méprisant.

— Rien ne me contraint à écouter cette femme.

— Mais si !

— Pourquoi?

— Vous êtes payé.

— Voici l'argent.

Et Lécrou tendit la pièce de vingt francs.

— Je refuse la consultation.

— Pourquoi?

— Parce qu'il ne me plaît pas de la donner.

Charles sourit dédaigneusement sans reprendre la pièce d'or qui lui était offerte.

— Vous garderez cet argent, — dit-il, — et vous écouterez cette femme !

— Moi ? — fit Lécrou.

— Vous !

— Mais...

— Vous n'avez pas le droit de refuser.

— Comment ?

— Sans doute ! croyez-vous que je ne connaisse pas les lois.

Vous êtes homme d'affaires, — comme votre voisin est négociant.

Vous affichez votre profession sur votre porte, — comme il affiche la sienne sur sa boutique.

Votre cabinet est ouvert, — tous les jours, — de 11 heures à 2 heures pour recevoir les clients qui ont besoin de vos offices, — comme son magasin est ouvert, — lui, — de 10 heures du matin à 10 heures du soir, — pour recevoir les acheteurs.

Vous vendez vos conseils, — comme il vend sa marchandise.

Donc, vous n'avez pas plus droit de refuser d'écouter qui vous paye, qu'il n'a le droit, — lui, — de refuser de vendre à qui veut acheter comptant.

— C'est possible, — dit Lécrou, — mais rien ne me contraint à donner un conseil *bon* au lieu d'un *mauvais* si la chose me plaît.

— Si fait !

— Ah ! par exemple ! Qui donc me contraindrait ?

— Votre conscience.

Lécrou grommela une sourde exclamation.

— En donnant un mauvais conseil et en recevant un argent valable, — continua Charles avec sa logique impitoyable, — vous ferez plus qu'une mauvaise action, vous commettrez un vol !

— Monsieur ! — s'écria Lécrou.

— Comment qualifiez-vous cela, alors ?

— C'est bien ! — dit Lécrou après un silence, — j'écouterai cette femme.

Et il ajouta, — à part lui, — tout en lançant un vilain regard à Charles :

— Toi, je te repincerai un jour !

La pauvre femme, — cause de cette discussion, — l'avait écoutée dans le plus profond silence.

Elle paraissait tellement triste, — tellement abattue, — qu'elle semblait dans l'impossibilité de prendre part à la dispute qu'elle avait involontairement provoquée.

Cependant, lorsque Lécrou eut dit qu'il était prêt à l'entendre, et comme Charles, — voulant se retirer, — faisait un nouveau pas vers la porte, — elle se leva et arrêtant, — du geste, — M. de Rueil :

— Demeurez, — monsieur, — je vous prie ! — dit-elle d'une voix douce.

— Moi, — madame ! — fit Charles avec étonnement.

— Oui, — monsieur.

— Vous voulez que je reste près de vous?

— Oui.

— Cependant vous allez sans doute consulter monsieur à propos d'affaires privées et je ne puis me mêler...

— Demeurez, je vous en conjure !

— Cependant...

— Je n'ai pas de secret à cacher, monsieur !

Charles fit un signe et prit un siége.

La pauvre femme le remercia du regard et se retournant vers Lécrou :

— Monsieur, — dit-elle, — voici ce qui m'amène vers vous.

— J'écoute ! — fit l'homme d'affaires d'un air rogue.

— Je suis dans une profonde misère... — commença la femme.

— Cela se voit, — murmura Lécrou.

— Heureusement je suis seule au monde.

— Tant mieux.

— Et personne n'a besoin de moi.

— Après ?

— Je suis mariée, — monsieur, — balbutia la pauvre femme.

— Légitimement? — demanda insolemment l'homme d'affaires.

La malheureuse rougit violemment.

— Oui! — dit-elle.

— Et que fait votre mari?

— Des affaires...

— Mauvaises, alors?

— Non, excellentes!

— Il fait d'excellentes affaires?

— Oui, monsieur.

— Ah çà ! qu'est-ce que vous me racontez ? Votre mari fait d'excellentes affaires et vous êtes dans la misère ?

— Oui, monsieur.

— Vous ne vivez donc pas ensemble ?

— Non, monsieur, — dit la pauvre femme en courbant la tête.

— Ah ! vous êtes séparés ?

— Oui, monsieur.

— Par le tribunal ?

— Non...

— A l'amiable, alors ?

— Oui !

Chacun de ces monosyllabes paraissait sortir avec effort des lèvres de la cliente de Lécrou.

Celui-ci la regarda avec plus d'attention qu'il n'avait fait jusqu'alors.

— Ah ! — dit-il, — je devine ! vous êtes encore jeune, — vous êtes jolie, — vous aurez donné un coup de canif dans le contrat...

— Monsieur ! — dit la femme avec dignité.

— Pourquoi insulter cette femme ? — s'écria Charles.

Lécrou haussa les épaules.

— Je n'insulte pas ! — dit-il, — je devine.

Et se tournant vers la femme :

— Votre séparation n'a-t-elle pas pour cause l'adultère ? — ajouta-t-il.

La malheureuse courba la tête.

— Vous voyez bien, — fit Lécrou en s'adressant à Charles.

— Que madame vous explique ce qu'elle désire ! — répondit brusquement M. de Rueil.

— Oui, — dit Lécrou, — au fait ! que voulez-vous ? Une pension de votre mari ?

— Non, — répondit la femme.

— Pourquoi ?

— Je ne veux rien lui demander.

— Niaiserie. Est-il riche ?

— Oui.

— Quelle fortune ?

— On prétend qu'il a plus de cinquante mille livres de rente.

Lécrou ouvrit de grands yeux.

— Peste ! — fit-il, — cinquante mille livres de rente.

Et il abaissa un regard souriant et presque aimable sur la visiteuse.

Une pensée rapide venait de traverser l'esprit du *faiseur* : il flairait une bonne affaire.

Cette femme, qu'il avait devant lui, avait un mari possesseur de cinquante mille livres de rente.

Elle était séparée de ce mari, mais non séparée judiciairement : donc, la question d'intérêt entre les deux époux n'avait pas été réglée par le tribunal, donc, cette question demeurait à résoudre, et il pouvait y avoir de beaux honoraires à toucher.

—Mais,—reprit-il vivement et en manifestant un intérêt visible, — votre mari était donc fort riche quand il vous a épousée?

— Il avait peu de chose , alors, — répondit la femme.

— Il a gagné cette fortune depuis votre mariage ?

— Oui, monsieur.

— Et vous aviez un contrat ?

— Non, monsieur.

— Pas de contrat ?

— Non !

— Et il a fait fortune depuis votre union?

— Oui ! .

— Régime de la communauté ! Parfait !
Vous avez des droits incontestables !. C'est
superbe !... Mais prenez donc un fauteuil,
— madame, — vous devez être fort mal sur
cette chaise !

Et comme la visiteuse faisait un geste de
remercîment , Lécrou se leva pour aller
prendre le siége indiqué et l'avancer vers
son interlocutrice.

En accomplissant ce mouvement, il passa
près de Charles.

Celui-ci lança à l'homme d'affaires un regard dédaigneux.

Lécrou soutint ce regard sans sourciller.

— Qu'est-ce que vous voulez? — dit-il avec un cynisme effrayant. — Est-ce que je pouvais prévoir cela en voyant ses haillons?

Il reprit place à son bureau.

XII

Les Petites-Affiches.

— Ah çà ! — dit Lécrou, — vous avez peut-être eu une dot ?

— Oui, monsieur ! — répondit la femme.

— Une belle dot ?

— Oui.

— Combien ?

— Plus de deux cent mille francs !

Lécrou bondit sur son siége.

— Et votre mari ne vous donne rien ! — s'écria-t-il. — Soyez tranquille, — ma chère dame, — nous allons le faire marcher. — Rapportez-vous-en à moi pour mettre les fers au feu !

— Vous vous méprenez sur mes intentions, monsieur, — poursuivit la femme, — il ne s'agit pas de mon mari.

— De qui s'agit-il donc ?

— De moi.

— Eh bien ?

— Mais pas dans le sens que vous sup-
posez.

— Comment ?

— Je ne veux rien demander à mon
mari.

— Mais...

— Rien ! absolument rien !

— Cependant...

— Ma décision est arrêtée.

Lécrou fit la grimace.

— Ensuite ? — dit-il.

— Je viens vous consulter sur un autre sujet que celui-là.

— Quel sujet?

— Je suis dans une misère profonde, je vous l'ai dit, — continua la pauvre créature dont la voix tremblait, — je suis dans un dénuement absolu.

— Alors?

— Je n'ai pas de pain et je voudrais pouvoir gagner de quoi m'en procurer honorablement.

— Mais, — votre mari...

— Je ne veux rien de lui.

— Comment! — il a cinquante mille livres de rente, vous lui avez apporté deux cent mille francs, — vous mourez de faim, — vous manquez de tout, — et vous ne voulez pas lui demander au moins une pension alimentaire !

— Je ne veux rien !

— Mais c'est de la folie.

— C'est ainsi !

— Réfléchissez !

— Non !

— Cependant...

— N'insistez pas, — monsieur, — cela ne pourrait rien changer à ma détermination.

Lécrou se trémoussait sur son siége en donnant tous les signes d'une impatience manifeste.

Charles écoutait en silence et paraissait porter un intérêt profond et sincère à ce que disait la pauvre femme qu'il avait protégée sans la connaître.

— Décidément, — que voulez-vous alors? — reprit Lécrou.

— Une petite place, — répondit la femme.

— Une place?

— Oui.

— Mais je ne place personne, moi.

— Cependant...

— Ce n'est pas ici un bureau de placement.

— Mais, — monsieur, — j'ai lu cet article dans les *Petites-Affiches*.

Et la femme tendit un papier froissé à l'homme d'affaires.

Lécrou le prit avec étonnement.

— Vous le voyez, — poursuivit-elle, — on demande une femme jeune encore, — de bonnes manières, suffisamment instruite, — pour être gouvernante d'une personne âgée...

— C'est vrai ! — dit Lécrou.

— Et au bas du papier :

S'adresser à Lécrou, — agent d'affaires.

— C'est encore vrai !

— Eh bien ?

Lécrou regarda sa visiteuse.

— Ma foi ! — dit-il, — je n'y comprends rien.

— Comment ? — dit la jeune femme en fixant sur lui ses grands yeux inquiets.

— Oui. — Je lis tout cela, — et cependant j'ignore ce que cela veut dire.

— Mais c'est bien votre nom et votre adresse ?

— Oui !

— Il ne peut y avoir erreur.

— Il y a erreur, cependant.

— Erreur?

— Oui ! je ne connais personne qui m'ait demandé quelqu'un à prendre.

— Mais...

— Madame, — dit Lécrou en se levant, — il y a erreur, — je vous le répète.

Ou on a fait insérer cet article sans me prévenir, — ce qui est bien peu probable, — car, enfin, dans quel but l'aurait-on fait?

Ou les *Petites-Affiches* se sont trompées,

— ce qui n'est pas davantage admissible.

Dans tous les cas, — je n'y comprends rien.

— Mais cela vous touche, — dit Charles en se levant également, — puisque l'on s'est servi de votre nom.

— Cela est vrai.

— Eh bien, alors ?

— Je vais m'informer aujourd'hui même.

— Ensuite ?

— Que madame veuille bien venir me voir demain, et je lui dirai ce qu'il en est.

La pauvre femme s'était levée à son tour.

— Je reviendrai, — dit-elle.

Elle salua Lécrou, et passant devant Charles :

— Monsieur, — dit-elle simplement, — je vous suis profondément reconnaissante.

La phrase était courte, — mais elle fut prononcée avec un accent tellement empreint de sentiments sincères, que M. de Rueil se sentit remué jusqu'au fond du cœur.

La jeune femme avait quitté le cabinet.

— Je suis à vous, — monsieur, — dit l'homme d'affaires à Charles.

Celui-ci suivait des yeux la femme qui sortait.

Se retournant vers Lécrou et lui tendant une carte qu'il venait de prendre dans sa poche :

— Voici mon adresse, — dit-il, — venez chez moi aujourd'hui à cinq heures.

— Mais...

— Le pouvez-vous ?

— Sans doute.

— Alors, je vous attends.

— Cependant... dites-moi !...

— Rien ! — je n'ai plus le temps. Mais ne manquez pas, — vous aurez de beaux honoraires !

Et Charles s'élança lestement au dehors.

— Que diable cela signifie-t-il ? — se demanda Lécrou demeuré seul.

— Cela signifie que vous avez failli faire une belle sottise ! — dit une voix.

Lécrou se retourna : M. Raymond était devant lui.

— Hein ? — fit l'homme d'affaires.

— Une sottise qui vous eut coûté cher ! — ajouta Raymond.

— Comment ?

— Ah ! vous voulez protéger les femmes séparées...

— Mais...

— Ah! vous voulez faire *chanter* les maris.

— Permettez!

— Sottise!

— Pourquoi?

— Vous ne devinez pas?

— Ma foi non!

— Cette femme qui sort d'ici...

— Eh bien?

— C'est la mienne!

— Votre femme?

— Oui!

— Eulalie?

— Elle-même!

— Bigre!!!

Et M. Lécrou se mordit les lèvres.

— Mais cet article des *Petites-Affiches?* — reprit-il après un silence.

— C'est moi qui l'ai fait mettre, — dit Raymond.

— Vous?

— Moi-même.

— Sans me prévenir.

— J'allais tout vous expliquer quand nous avons été interrompus.

— Alors, cette place ?

— Existe.

— Est-ce que ce serait pour... là-bas ?

— Précisément !

— Diable !

— Vous comprenez ?

— A merveille !

— C'est heureux !

— Mais Eulalie

— Elle pourra faire l'affaire !

— Bah !

— Elle me servira admirablement.

— Comment?

— Vous n'avez pas besoin de savoir. — Écoutez seulement et retenez !

Demain elle viendra ici.

Recevez-la à merveille et soyez aimable !

— Bon ! — dit Lécrou.

— Vous lui direz que vous avez pris des informations, — que c'est l'un de vos clients qui, — sans vous prévenir, — a fait insérer l'article...

— Très-bien !

— Que la place existe.

— Après?

— Qu'elle est excellente !

— Et puis?

— Et que vous pouvez la lui faire obtenir.

— Alors?

— C'est tout !

— Mais la réponse définitive?

— Qu'elle revienne encore dans deux jours et vous la lui donnerez.

— Faudra-t-il lui dire les noms?

— C'est inutile.

— Qu'elle vienne seulement?

— C'est cela! Vous viendrez demain soir chez moi et je vous donnerai les explications nécessaires.

— Compris !

— Alors à demain !

— A demain.

Raymond gagna la porte.

— A propos ! — ajouta-t-il avant de quitter le cabinet.

— Quoi ? — demanda Lécrou.

— Ce M. Charles de Rueil...

— Eh bien ?

— Il faudra aller chez lui.

— Vous le connaissez ?

— C'est un ami du vicomte.

— Alors je saurai ce qu'il veut.

— C'est cela !

Les deux hommes se quittèrent, Lécrou rentra dans son cabinet sur le seuil duquel il se tenait, et Raymond sortit de l'appartement.

XIII

La loge.

En quittant le logement de l'homme d'affaires, — Raymond descendit l'escalier, —
traversa le vestibule, et, — gagnant la rue,
— s'élança dans le splendide équipage qui
l'attendait.

— Numéro un ! — dit la mère Potard,

laquelle était sortie tout exprès de sa loge pour admirer au passage l'élégant *gentleman*. — Ça doit être un particulier du grand genre ! Qu'est-ce qu'il peut donc venir faire chez cet oiseau de l'entresol ?

— Y toucher de l'argent ! — dit Anastasie qui n'avait pas encore quitté la loge, — non plus que la femme du coiffeur-parfumeur.

— De l'argent ! — fit madame Frémichon avec un expressif mouvement d'épaules. — — Je crois qu'on en apporte chez le père Lécrou, — mais pour ce qu'on peut y toucher...

— Ça tiendrait dans mon œil ! — ajouta la portière. — Un pingre qui gagne gros comme lui et qui fait la grimace pour me donner cent sous aux étrennes ! — Ah ! quand ma fille sera riche !...

— Oui, — dit Anastasie en ricanant, — mais il faut qu'elle le soit !

— Elle le sera !

— Je le souhaite !

— Est-ce que vous doutez ?

— Dame !... elle n'a pas encore pris la route de la fortune !

— Comment ? Elle est à l'Opéra !

— Oh ! l'Opéra ! ça mène quelquefois à l'hôpital.

— Quand on est laide, oui ! — dit vivement la mère Potard, — mais Marcelle a
oublié de l'être ! Un minois assez fripon,
— j'ose le dire ! Tout mon portrait quand
j'avais seize ans, quoi !

— Hum ! — murmura Anastasie. — Elle
doit bien regretter ce temps-là, la vieille !

— Quoi ? — fit madame Potard.

— Rien !

— Quand ma fille sera fortunée, — reprit
la concierge, — j'aurai un salon rouge et
une robe beurre frais ! c'est mon rêve !

Puis se ravisant tout à coup.

— Tiens ! au fait ! — ajouta-t-elle, — ce

beau mirliflor qui sort d'ici et qui s'en va avec sa voiture, — ses deux chevaux, — et ses deux valets, — c'est peut-être un abonné de l'orchestre ! Je suis fâchée que Marcelle n'ait pas été là. — Elle l'aurait peut-être reconnu.

— Et il serait entré faire un bout de conversation dans votre loge ! — dit ironiquement Anastasie.

— Tiens ! pourquoi pas ?

— Un homme à voiture !...

— Laissez donc ! un homme à voiture, — ça va partout où il y a deux beaux yeux !

— Il fallait l'inviter à entrer !...

— Ah! si j'avais encore vingt ans, — seulement trente, — je n'aurais pas eu besoin de l'inviter ! — C'est lui qui aurait tourné autour de moi !...

— Oui, — mais vous n'avez plus vingt ans, — ni même trente !

— Je le sais bien, — ni vous non plus !

Anastasie se pinça les lèvres.

— J'aurais vingt ans, — dit-elle aigrement, — que je n'aurais jamais la pensée de recevoir, — chez moi, — un homme que je ne connaîtrais pas !

— Oui, — ça se conçoit...

Et la mère Potard ajouta à voix basse, — et à l'oreille de madame Frémichon :

— Faut bien être mijaurée quand on est laide. D'ailleurs on ne pourrait pas être autrement.

Deux jeunes filles, — vêtues en ouvrières coquettes, — passaient en ce moment devant la porte de la loge.

Chacune avait les épaules recouvertes d'un long châle, — sous lequel on devinait un paquet, — à un gonflement hors mesure.

— Chez *ma tante !* — dit la mère Potard en les regardant passer d'un pied furtif.

— Pauvres petites ! — ajouta la marchande à la toilette, — ça va mettre ses nippes *au clou* pour acheter de la galette !

— Des filles si jeunes ! — dit Anastasie, — c'est honteux !

— Tiens ! elles sont gentilles !

— Elles pourraient travailler !

— Qu'est-ce qui vous dit qu'elles ne travaillent pas !

— Puisqu'elles vont au Mont-de-Piété !

— Dame ! ça n'a pas des rentes !

Un homme âgé, — à la barbe grise, — pauvrement vêtu, — une redingote râpée sur le dos, — un chapeau ras sur sa chevelure argentée, — franchissait la première marche de l'escalier.

Il portait sous son bras gauche un petit paquet enveloppé dans un mouchoir à carreaux rouges et blancs.

— Pauvre vieux ! — dit la mère Potard, — on ne lui prêtera pas grand'chose sur ce qu'il va engager, pour sûr !

— A cet âge ! — fit Anastasie avec une grimace, — c'est honteux !

— Ah ! — fit madame Frémichon, — c'est donc honteux à tous les âges !

— Dame ! certainement.

— Laissez-moi donc tranquille ! — on voit bien que vous n'avez besoin de rien, — vous !

— Et que vous n'avez jamais aimé ! — ajouta la mère Potard en soupirant.

— Mais... — fit Anastasie.

Le bruit d'une voiture, — qui s'arrêta brusquement devant la porte cochère, — interrompit la conversation.

Les trois femmes avancèrent curieusement la tête.

Un très-joli coupé, — bien attelé d'un cheval irlandais, — stationnait dans la rue.

La portière s'ouvrit.

Un joli petit pied, — chaussé d'une fine bottine de satin noir, — se posa légèrement sur le pavé, — tandis qu'une ample jupe de

taffetas bleue, — coquettement retroussée,
— découvrait une délicieuse cheville et une
fine jambe admirablement moulée dans un
bas de soie diaphane.

Au premier petit pied, — en succéda un
second, — et une ravissante créature de
vingt à vingt-cinq ans, — vêtue avec une
suprême élégance, — apparut sous l'enca-
drement de la porte-cochère.

Une robe bleue, — nous l'avons dit, —
un manteau de taffetas noir recouvert d'un
flot de dentelles, — un chapeau blanc avec
des brides, — qui eussent distancé la cravate du plus *merveilleux incroyable*, — composaient une toilette fraîche et attrayante,
portée avec une aisance un peu trop pro-

noncée peut-être, pour être absolument na-
tive et de parfait bon goût.

La physionomie de la jeune femme, —
sans être régulièrement belle, — était vive,
— animée, — séduisante et jolie — enfin,
dans l'acception propre du mot.

Un petit nez mignon aux narines rosées,
— une bouche fraîche, — vermeille, —
riant toujours et découvrant une double ran-
gée de perles nacrées et humides, — deux
yeux bien fendus, — largement ouverts, —
un regard assuré et même un peu effronté,
— des sourcils châtains, — des cheveux
abondants, — de même nuance, — relevés
sur des tempes doucement veinées, — un
menton à fossette et des joues fraîches et pas
par trop enduites de poudre de ris, s'enca-

draient à merveille sous les marguerites du tour de tête.

A peine eut-elle touché la terre, — que la jeune femme s'avança d'un air délibéré, — le pied leste, — l'allure vive et pimpamte.

En apercevant la mère Potard sur le seuil de sa loge, — la jeune femme sourit :

— Tiens ! — dit Euphémie, — mademoiselle Rosine !

— En personne, — répondit la jeune femme, — ça va bien ?

— Pas mal, et vous ?

— Allons, — tant mieux !

— Voulez-vous entrer?

— Volontiers!

La mère Potard s'effaça, et Rosine pénétra dans la loge.

— Bonjour, madame Frémichon, — dit Rosine à la marchande à la toilette.

— Bonjour, — mon enfant, — répondit familièrement madame Frémichon. — Qu'est-ce que vous venez faire ici?

— Moi? — Je viens voir ma *parente!*

— Encore?

— Il y a au moins quinze jours que je ne suis venue, — ma *tante* doit être inquiète...

— Et vous venez la rassurer.

— Naturellement.

— Voyons ! — dit la mère Potard, — vous avez besoin de moi ?

— Naturellement aussi, — répondit Rosine en riant toujours.

— Qu'est-ce qu'il y a ?

Rosine fouilla dans sa poche.

Elle tira un petit écrin de velours grenat qu'elle remit à la concierge :

— Il y a cela ! — dit-elle.

— Voyons ! — dit madame Potard.

Et elle ouvrit l'écrin.

— Oh ! — fit-elle.

— Oh ! — fit également Anastasie, qui s'était curieusement penchée pour regarder.

— Votre croix en diamants ! — dit madame Frémichon.

— Oui.

— Celle que je vous ai vendue le mois dernier ?

— Juste !

— Mazette ! — vous n'y allez pas de main morte !

— Pensez-vous qu'on me prête cinq cents francs dessus ?

— Tiens ! — je crois bien ! — Une croix de cent louis !

— Eh bien, — dit Rosine en se retournant vers la concierge, — ma petite mère Potard, — allez m'engager cela !

Euphémie dénoua les cordons de son tablier bleu.

— Le temps de monter ! — dit-elle.

Et elle s'élança au dehors.

— Dites donc ! — lui cria Rosine, — tâchez d'en avoir six ! — Vous direz que c'est pour moi !

— Soyez tranquille !...

Et la mère Potard disparut, — s'engageant dans le grand escalier.

Rosine tira de sa poche une liasse de papiers de nuances différentes.

— Fichtre ! — dit madame Frémichon, — plus que ça de reconnaissances !

— Mon Dieu oui ! — dit Rosine avec insouciance.

— Ah çà ! — vous avez tout mis chez *ma tante ?*

— Tous les bijoux y sont !

— Et les dentelles?

— Pas encore.

— Mais ça viendra !

— Espérons-le ! — dit Rosine d'un air
très-comique.

— Et qu'est-ce que vous voulez faire de
tous ces chiffons-là?—Vous voulez dégager ?

— Moi ? jamais !

— Alors ?

— Alors, ma chère amie, — dit Rosine,
— vous allez me vendre ça, — à côté, —
chez Lacassette.

— Avez-vous un prix !

— Non !

— Faut faire pour le mieux ?

— Comme vous dites.

— C'est que Lacassette est un rat !

— Bah ! je m'en moque ! Tâchez d'en tirer deux cents francs !

— Vous avez donc un billet à payer aujourd'hui ?

— Un billet ? — s'écria Rosine. — Plus souvent que j'irais engager pour payer un billet, — non, ma chère, — mais j'ai un prince à dîner.

— Un prince ?

— Parole d'honneur !

— Ah ! vous m'en direz tant !...

Et la marchande à la toilette sourit d'un air entendu.

— Dites donc, — ajouta-t-elle, — j'ai une bien belle rivière que je suis chargée de vendre. — Pas cher et vieille roche ! Une eau premier choix ! — Faudra y penser...

— On verra ! — interrompit Rosine, — mais allez chez Lacassette.

— J'y vais !

Medame Frémichon quitta la loge, et se dirigea vers la boutique de droite occupant le rez-de-chaussée de la maison.

Rosine demeura seule avec Anastasie.

La jeune et élégante femme alla s'asseoir dans le grand fauteuil de la mère Potard.

Anastasie la regardait et parcourait la toilette, et les charmes de la jolie créature, d'un œil envieux et jaloux.

— C'est honteux ! — murmurait-elle.

En ce moment un jeune homme, — descendant par un escalier débouchant dans la cour, — s'avança vers la rue.

Il passa devant la loge sans tourner la tête.

— Tiens ! — fit Rosine en se levant vivement.

Et courant ouvrir la porte :

— Lambert ? — appela-t-elle.

Le jeune homme se retourna vivement.

— Monsieur d'Arcourt ! — dit Anastasie.

Et elle s'avança avec précaution, — venant se poster contre la porte, — de manière à ne rien perdre de l'entretien qui allait évidemment avoir lieu.

XIV

Les invitations.

Mademoiselle Rosine, — que nous venons de présenter à nos lecteurs à la fin du
précédent chapitre, — était fort connue du
public des petits théâtres.

Jeune première ingénuité sur une scène de

troisième ordre, — douée d'un talent plus
que médiocre, — d'une intelligence drama-
tique à peu près nulle, — elle n'en était pas
moins passée à l'état d'étoile sur le boulevard du Temple.

Étoile de la catégorie des *filantes,* — il est
vrai, — mais enfin étoile regardée par les
badauds, à cause de son brillant éclat et de
son miroitement attrayant.

Rosine était la fille d'une estimable concierge du faubourg Saint-Jacques.

Fleuriste de son état, — elle avait naïve-
ment cherché, dans la vie, le sentier à parcourir le plus couvert de roses, sans se sou-
cier de laisser aux ronces la part de vertu
dont l'avait douée la nature.

Ce sentier, — si charmant à suivre à son début, — l'avait menée tout d'abord au cinquième étage, au-dessus de deux entre-sols, d'une maison sise à Paris, dans la rue du Pot-de-Fer.

Une chambrette d'étudiant avait été l'*Eden* d'où la misère était venue chasser rapidement l'amour.

Rosine avait aimé sans arrière- pensée, — elle était donc quitte vis-à-vis du sentiment.

A dix-neuf ans, — elle avait quitté la loge de sa mère, — les fleurs de son patron, — et la chambrette de l'étudiant, — pour franchir la Seine et aller tenter de cueillir quelques pommes d'or dans ces jardins des

Hespérides que l'on nomme le Château des fleurs, — Mabille — et le Pré-Catelan.

En fait de fruits, — Rosine n'avait trouvé tout d'abord que les poires à deux francs de la *Maison d'Or*, et les pêches à cent sous du *Café Anglais*.

C'était un progrès en comparaison des rainettes du quartier latin, mais ce n'était pas la pomme d'or rêvée.

Un soir, — après fête de nuit, — soupant dans l'un des restaurants aimés des viveurs, — elle s'était trouvée côte à côte avec un boursier enrichi subitement par le *Grand-Central* ou les *ports de Marseille* — (je ne saurais certifier au juste).

Le boursier, — qui était très-laid et qui avait suffisamment d'esprit pour porter des favoris roulés, — une canne à pomme de *jade*, — et des gants *peau de chien*, — le boursier crut — de son devoir d'homme fortuné, — de prendre des airs de *Jupiter*.

Rosine, — en fille intelligente, — joua aussitôt d'instinct le rôle de *Danaë*.

Jupiter faisait mine de se métamorphoser en pluie d'or, Danaë tendit sa robe, — et comme la jupe était très-ample, la rosée fut abondamment reçue.

Deux mois après, — le banquier était tué par un chemin de fer quelconque, — et Rosine conservait sa *victoria* au mois.

Elle était lancée et, — feu Jupiter ayant

eu le temps de lui révéler l'important secret de la commandite, — Rosine songea aussitôt à la galanterie par actions.

Les siennes montèrent rapidement, — si rapidement même, que Rosine, — n'ayant plus rien à rêver sous le rapport du luxe, — se mit à rêver la *réclame.*

(De nos jours, *réclame* est bien souvent et pour beaucoup synonyme de *gloire*).

Donc, — Rosine vit, — dans un avenir prochain, — son nom placé en *védette* sur une affiche jaune à la porte d'un théâtre, dont les barrières craquaient sous les efforts d'une foule avide d'aller l'applaudir et la rappeler.

Rosine, — qui ne doutait de rien, — fit atteler un beau matin sa *victoria*, et courut chez l'un de nos plus célèbres directeurs de théâtre.

Ce directeur, remarquablement intelligent, — au dire de ses amis et même de ses ennemis, — ce directeur avait reçu son privilége du ministre, à la condition de protéger les arts, — de tendre la main au talent, — de faire jouer sur nos théâtres, enfin, des pièces capables de corriger les mœurs et interprétées par des artistes sérieux.

Comprenant sa mission, — le directeur reçut aussitôt Rosine.

Il examina attentivement la toilette de la jeune femme, — regarda ses yeux, — qu'il pensa devoir être brillants aux lumières, — s'assura qu'elle avait un petit pied, et une jambe bien faite, — puis il lui signa un engagement à raison de trois cents francs d'appointements par an , — et de douze mille francs de dédit.

Rosine devait, — sur ses trois cents francs, — se fournir le blanc et le rouge, — payer le coiffeur, — les gants, — les chaussures, et avoir toujours des toilettes éblouissantes.

Rosine, — enchantée , — signa d'une main, — car son directeur tenait l'autre et... elle débuta.

Elle eut un immense succès... de robe,

Trois mois après, — elle rompait son engagement à l'amiable, et courait en parapher un autre sur le boulevard du Temple.

Là, — elle débuta dans un rôle où il fallait montrer ses jambes.

Rosine enleva la critique et son succès fut réellement sérieux.

A partir de ce jour, — elle passa à l'état d'*étoile*, — ce qui fit monter énormément ses actions.

Elle prêta de l'argent à son directeur, et elle eut par conséquent tous les rôles.

Rosine avait atteint son but.

Nageant en plein dans un océan de plai-

sirs, — de fêtes, — de dentelles, — de diamants, — de bijoux, — elle supportait les
tempêtes, — les raz-de-marée, — les oura-
gans avec le stoïcisme d'un matelot aguerri.

Elle naviguait en femme sûre de trouver
toujours un port de salut.

Le jour où nous la présentons au lecteur,
— Rosine venait de faire une école quelque
temps auparavant.

Elle avait répété dans un drame, — un
rôle d'amoureuse avec un *jeune premier* fort
renommé dans les estaminets d'alentour.

Le *jeune premier*, — trouvant Rosine à
son goût, — avait pris son emploi au sérieux, et la pauvre petite, — une fois par

hasard, — avait été vraiedans son rôle.

Le drame était tombé, — mais l'amoureux était resté et il continuait les représentations.

De la pièce, — retirée de l'affiche, — mais jouée sans l'assistance du public, — il était résulté pour Rosine des courses successives de son appartement aux bureaux du MONT-DE-PIÉTÉ, et la *reconnaissance* avait grandi avec l'amour, au point d'étouffer complètement celui-ci.

Le besoin d'un prince russe, — ou autre, — se faisant absolument sentir, — Rosine avait renoncé à son rôle, et prié son partner de trouver un autre emploi.

Ainsi qu'elle l'avait dit à madame Frémichon, — le prince demandé devait apparaître.

. . . .

Lambert avait paru surpris et gêné même en se voyant reconnu par Rosine.

Cependant il s'était arrêté, — à l'appel de la jeune femme, — et il était revenu sur ses pas pour se rapprocher d'elle.

— Bonjour, mon petit ! — lui dit familièrement l'actrice en lui tendant la main.

— Bonjour, Rosine, — répondit Lambert.

— Ça va bien ? — Comment se fait-il que

vous soyez ici? — Ah!... je devine!... vous venez de là-haut, hein ?

Et Rosine désigna l'étage où étaient les bureaux du Mont-de-Piété.

— Vous vous trompez, — dit Lambert.

— Alors tant mieux, ou peut-être tant pis ! Quand on va chez *ma tante*, ça prouve qu'on a encore quelque chose à *accrocher*.

Lambert rougit légèrement.

— Je demeure dans cette maison, — dit-il.

— Pas possible !

— Pourquoi?

— Vous qui avez eu des chevaux et des voitures...

— Je n'en ai plus.

— Tiens! c'est vrai! j'oubliais que vous êtes fini! Et, — à propos, — votre pièce? Le directeur l'a donc refusée?

— Oui...

— Faut en faire une autre.

— C'est ce que je fais.

— Dites donc, — Lambert, — poursuivit Rosine en changeant de ton, — voulez-vous venir dîner ce soir chez moi?

— Merci.

— Oui, hein ? — nous nous amuserons. J'ai des amis et un prince qu'on doit me présenter. On fera un *lansquenet*...

Lambert secoua la tête.

— Je vous remercie, — dit-il.

— Vous acceptez ?

— Non, — je refuse.

— Pourquoi ?

Lambert sourit tristement.

— Je ne vais plus nulle part, — dit-il.

— Bah ! — fit Rosine, — une fois par hasard...

Lambert la regarda.

— Écoutez, Rosine, — dit-il d'une voix douce et triste, — je vous connais depuis longtemps.

Votre tête est folle, — mais votre cœur est bon.

A toute autre qu'à vous, — je répondrais par un simple refus sans donner d'autre explication.

A vous, — c'est différent, — je dirai la vérité.

Je suis *fini*, — ainsi que vous l'avez dit, — mais *fini*, — dans l'acception propre du mot.

Je n'ai plus rien à moi que ces vêtements qui me couvrent.

La mansarde que j'habite là-haut, — je l'ai louée avec le secours d'un ami...

— Pas possible ! — fit Rosine.

— Cela est vrai pourtant.

— Vous êtes *rasé?*

— Totalement.

— Pauvre petit ! Quand je pense que vous m'avez envoyé des bouquets de dix louis que j'ai donnés le lendemain à la fille de ma portière.

— Maintenant, avec dix louis, — je vivrais cinq mois au moins ! Vous comprenez que je ne puis plus accepter d'invitation.

— C'est vrai.

— Je ne veux qu'une chose : travailler !

— Eh bien ! vous avez de l'esprit, — vous arriverez.

Puis Rosine ajouta, — en faisant un geste de regret :

— J'ai cependant ce soir à dîner quelqu'un qui aurait eu, — j'en suis sûre, — grand plaisir à vous revoir.

— Qui donc?

— Un ancien ami.

— Un ami... à moi?

— Oui. Je vous ai vus assez souvent en-semble à l'époque où vous ne vous quittiez pas.

— Qui donc?

— Raymond !

— Raymond ! — s'écria Lambert en pâ-lissant.

— Oui !

— Il dîne chez vous?

— Ce soir.

— Et... il vous a dit qu'il aurait plaisir à me rencontrer?

—Lui? Il ne m'a rien dit du tout, — mais c'est en vous voyant que l'idée m'est venue ; — est-ce que vous êtes brouillés?

Lambert ne répondit pas.

— Il dîne ce soir chez vous ? — répéta-t-il.

— Oui, — avec mes amis... et le prince...

— Et vous m'invitez ?

— Sans doute, — mais puisque vous ne pouvez pas venir.

— Eh bien ! j'accepte !

— Bah ! vous refusiez...

— Voulez-vous toujours de moi !

— Toujours !

— Alors, — à ce soir ! — dit Lambert
d'une voix frémissante.

— Ah çà, — vous vous moquiez donc de
moi, tout à l'heure ?

Lambert saisit la main de Rosine.

— A quelle heure dînez-vous?... — demanda-t-il.

— A sept heures.

— Voulez-vous me recevoir à cinq heures?

— Je veux bien.

— Attendez-moi.

— Pourquoi faire ?

— J'ai à vous parler.

Rosine regarda Lambert.

— Ah bah ! — fit-elle.

Puis elle se mit à rire :

— Et le prince ? — ajouta-t-elle.

Lambert ne l'entendit pas.

Il paraissait absorbé dans un monde de
pensées amères.

Enfin, — quittant brusquement Rosine :

— A ce soir, — dit-il, — à cinq heures
Et il s'éloigna rapidement.

Rosine le regarda en ouvrant de grands yeux :

— Qu'est-ce qu'il a donc ? — fit-elle, — il a l'air d'être toqué.

En ce moment madame Frémichon sortait du magasin de Lacassette.

— Il offre cinq louis du tout ! — dit-elle en tendant les papiers à Rosine.

— Cinq louis ! — s'écria l'actrice, — ah ! le Judas !

— Ça vous va-t-il ?

— Dame !... donnerait-il davantage ?

— Non !

— Alors... faites !

Madame Frémichon rentra dans la boutique dont la porte était demeurée entr'ouverte.

La mère Potard descendait l'escalier.

— Voilà votre affaire, — dit-elle à Rosine, — cinq cent vingt-cinq francs parce que c'était moi.

Rosine prit l'argent et les papiers, en ayant soin de laisser la pièce de cinq francs dans les mains de la concierge.

Celle-ci s'attendait sans doute à la gratification, car elle mit aussitôt la pièce dans sa poche.

— Voilà vos cinq louis, — dit la marchande à la toilette en reparaissant.

— Six cent vingt ! — fit Rosine, — on peut dîner avec cela ?

— Et demain pour déjeuner ? — demanda madame Frémichon en riant.

— Oh ! — j'ai encore mes boucles d'oreilles.

— Et après-demain ?

— Tiens ! — Et le prince russe.

— Pensez à ma rivière !

— On tâchera de la faire couler !

— Ah ! — fit Euphémie en soupirant, —

quand donc que Marcelle en fera couler des rivières!...

— Tiens ! — dit Rosine.

— Quoi donc?

— A propos de Marcelle....

— Qu'est-ce que c'est ?

— A-t-elle de la toilette ?

— Elle en aura !

— Oui, — mais en a-t-elle en ce moment?

— C'est mesquin ! — dit la mère Potard en faisant la grimace.

— Allons, tant pis !

— Pourquoi?

— Parce que si Marcelle avait eu de la toilette, — je vous aurais dit de l'amener ce soir.

— Où cela?

— Chez moi.

— Comment?

— Pour dîner. — Il me manque juste une femme.

— Dîner chez vous, — ce soir ! — s'écria Euphémie dont les yeux flamboyaient.

— Oui.

— Qui donc avez-vous?

— Mais le prince, — d'abord, — et puis Raymond, — et puis j'ai invité encore de Rueil, — Lucien, — Henri, — Louis, — et nous sommes quinze.

— Quinze hommes?

— Dont sept femmes. Et il n'y a rien de bête comme deux hommes à côté l'un de l'autre. C'est pourquoi j'aurais voulu une femme de plus.

— Et vous aviez pensé à Marcelle?

— Oui, — vous me demandez toujours de la présenter dans le monde : c'était une occasion.

— Oui.

— Mais il faut de la toilette !

Euphémie regarda madame Frémichon.

— J'arrangerai Marcelle, — dit celle-ci.

— Vrai ! — s'écria la portière.

— Alors elle viendra? — dit Rosine.

— Oui ! — oui ! — oui ! — fit la mère Potard en ne contenant plus sa joie. — Elle ira et moi aussi...

— Vous, — dit Rosine, — c'est cela ! — vous aiderez Françoise à laver la vaisselle !

XV

Le bureau du prêt.

Les bureaux du Mont-de-Piété étaient si-
tués au premier étage de la maison.

Deux portes s'ouvraient sur le pallier.

Sur l'une de ces deux portes on lisait, — écrit en caractères noirs :

MONT-DE-PIÉTÉ.

BUREAU AUXILIÀIRE.

ENTRÉE.

TOURNEZ LE BOUTON.

S. V. P.

Sur l'autre porte, était collée une petite affiche blanche sur laquelle était écrit à la main ;

Entrée particulière.

Un cordon de sonnette appendait le long du chambranle, et son gland, — déchiqueté, — indiquait l'usage fréquent qui était fait de cette entrée réservée aux né-

cessiteux honteux, ou aux emprunteurs dédaigneux de se trouver en contact avec leurs
pareils.

La première porte, — celle donnant accès
à la foule, — ouvrait sur une petite antichambre, laquelle communiquait ave le premier bureau.

Une cloison en planches, — peinte en
jaune, — coupait cette pièce par le milieu,
et était, — elle-même, — largement échan-
crée à son centre par une énorme ouverture
d'un mètre et demi de large sur un mètre
de haut.

Le long de cette cloison, — au-dessus de
l'ouverture, — et à droite et à gauche, —
adossées à la muraille, étaient trois ban-

quettes d'un velours incolore, — couvertes de boue et de poussière, — maculées de taches et présentant au public, — contraint à attendre, — la maigre couche de crin qui les rembourrait jadis.

De l'autre côté de la cloison, — à la hauteur du bas de l'ouverture, — était une grande planche, posée à plat et destinée à recevoir les objets présentés par les emprunteurs.

Derrière cette planche, — dans la partie de la pièce réservée aux employés, — était une vaste table surchargée de balances, — de paquets enveloppés, — de papiers, — de registres et de cartons.

Des armoires sans portes étaient appliquées à droite et à gauche contre les murs.

Une fenêtre, — ouvrant dans le fond, — éclairait le tout.

Cinq hommes, — dont trois vêtus en bourgeois et deux en hommes de peine, — occupaient ce bureau, au-dessus de la cloison duquel était tracé, — en très-gros caractères, — ce mot :

ENGAGEMENTS.

Deux des premiers étaient assis devant la table, — l'un en face d'un énorme registre in-folio, — l'autre ayant devant lui une liasse de papiers de couleur.

Le troisième, — debout près de l'ouverture, — recevait le public.

Les deux garçons étaient occupés à faire des paquets, — à les étiqueter, — à les ranger dans les armoires.

De cette première pièce, — on passait dans une seconde, — un peu moins vaste.

Celle-ci, — comme la précédente, — était partagée en deux par une cloison.

Cette cloison était également ouverte à son centre, mais cette ouverture était garnie par un épais treillage, derrière lequel s'étendait un rideau de percaline verte aux plis blanchis par la poussière.

Un petit guichet était pratiqué dans le bas du grillage.

Ce guichet avait une porte mobile, —

s'ouvrant en dedans, — et garni devant et derrière de deux planchettes arrondies aux angles et posées à hauteur d'appui.

Au-dessus du guichet était accroché une espèce d'écriteau portant ce simple mot :

CAISSE.

La troisième et dernière pièce ressemblait en tous points à la première, — sauf qu'elle avait un tiers de moins d'étendue.

Au-dessus de l'ouverture de sa cloison, on lisait :

DÉGAGEMENTS.

Ce bureau ne possédait qu'un seul employé.

Quant aux préposés à la caisse, — on ne pouvait en deviner le nombre, — abrités qu'ils étaient tous derrière le rideau vert.

Au moment où nous pénétrons dans le premier bureau, — celui de l'*engagement*, — une douzaine de personnes, — toutes chargées de paquets plus ou moins gros, — occupaient les banquettes.

Devant l'ouverture de la cloison se tenaient, — le sourire aux lèvres et l'œil éveillé, — les deux jeunes filles qu'avaient remarquées, — quelques instants auparavant, — mesdames Potard et Frémichon, et mademoiselle Anastasie.

L'employé aux engagements examinait quelques bijoux qu'il tenait entre les mains.

Devant lui étaient deux châles.

— Quatre-vingt-deux francs ! — dit-il d'une voix monotone sans regarder les deux jeunes filles.

— Quatre-vingt-deux francs ! — répéta l'une d'elle. — Dis-donc, Louise ?

— Je croyais que nous en aurions au moins cent cinquante, Emma !

— Ça vous convient-il ? — demanda le commis.

— Mais... vous ne pouvez pas faire quelque chose de plus ?

— Impossible !

— Si nous allions à l'autre bureau ? — dit Emma.

Le commis reposa le tout sur la planche à la portée des deux ouvrières.

Louise avança la main.

— Quatre-vingt-cinq ! — dit le commis, — c'est tout ce que je puis faire.

— Pas même quatre-vingt-dix ?

— Non.

Emma et Louise se consultèrent du re-gard.

— Alors, — prenez ! — dit la première.

Le commis ramassa les objets et les tendit
à l'un des garçons.

— Vos papiers ? — demanda l'homme assis devant le gros registre.

Louise tendit les papiers demandés.

— Bien ! — fit l'employé. — Passez à la
caisse !

Les deux jeunes filles obéirent.

— A vous, — monsieur ! — reprit le
commis aux engagements en se penchant
sur la planche bordant l'ouverture, et en
s'adressant à un vieillard qui, — immobile
et silencieux, — paraissait attendre son
tour.

Ce vieillard est encore celui qu'avaient remarqué les trois femmes alors que, — dans la loge du concierge, — elles passaient l'inspection des gens se rendant au bureau du prêt.

Ce vieillard, — qui paraissait être âgé d'environ soixante ans, — était droit et ferme encore sur ses jambes.

Sa tête était belle, — ses traits accentués, — ses cheveux coupés ras et sa moustache devenue blanche.

Il y avait dans toute sa personne quelque chose de sévère et de propre, indiquant les habitudes militaires.

Sa redingote, — fermant droit, — était

boutonnée jusqu'à un col de satin noir qui lui montait jusqu'au menton.

Cet homme était maigre, — mais cette maigreur ne manquait pas d'une certaine distinction.

Il tenait à la main un petit paquet enveloppé encore dans le mouchoir à carreaux rouges et blancs qu'avaient remarqué les trois femmes, — alors qu'il avait franchi le seuil de la porte cochère.

La physionomie de ce vieillard était noble et imposante, — et elle était recouverte d'un voile de tristesse qui en faisait ressortir encore le cachet aristocratique.

Ses yeux se tenaient baissés comme s'ils

eussent eu peur de rencontrer, — fixé sur eux, — un regard de connaissance.

Il se tenait dans un angle, — se dissimulant dans l'ombre, — s'effaçant, — prenant le moins de place possible.

A l'interpellation du commis du bureau d'engagement, — il tressaillit violemment, comme si cet appel l'eût tiré d'un rêve pénible, — mais au lieu de faire un pas en avant, — il en fit deux en arrière.

Une femme, — vêtue assez pauvrement et qui venait après lui, — profita de ce mouvement pour passer la première.

Le vieillard ne protesta pas.

Il ne bougea même pas et laissa prendre sa place.

Le commis le regarda, — fit un mouvement d'indifférence, — et s'occupa de la femme.

Celle-ci fut bientôt, — et à son tour, — envoyée à la caisse.

Le commis se pencha de nouveau vers le vieillard, — mais celui-ci se recula comme la première fois et laissa encore passer avant lui un homme qui ne devait venir qu'après.

Le pauvre malheureux avait l'air d'avoir honte de lui-même, et il semblait s'efforcer de reculer le moment fatal où il faudrait prendre la parole pour son compte et se séparer du paquet qu'il pressait contre sa poitrine, comme s'il se fût agi de reliques.

— De la monnaie, Paul ! — cria-t-on de la caisse.

— On est allé en chercher ! — répondit l'employé aux engagements.

— Qui cela !

— Jules.

— Mais il ne révient pas ?

— Le voici !

Un jeune homme entrait à ce moment dans le bureau.

Ce jeune homme était tête nue, — et paraissait employé dans la maison.

C'était le jeune garçon d'honneur de la
noce à laquelle nous avons assisté, — celui
qui avait été tant de fois relancer au café du
Méridien les cavaliers récalcitrants, — le
jeune homme qui avait accompli sa promenade sur le siége de la voiture des mariés,
— Jules enfin, le fils unique de M. et de
madame Actéon.

— Eh bien? cette monnaie? — demanda
Paul.

— M. Cuissard va la descendre lui-même,
— répondit Jules en entrant dans le com-
partiment réservé à la caisse.

— Allons donc! allons donc! — on attend! — dit le caissier.

Un fredonnement joyeux et aigre retentit sur l'escalier, la porte s'ouvrit et M. Cuissard, — le mari de la grosse coquette, — le nain vert galant, — que nous connaissons, — fit irruption dans les bureaux.

— Présent! — cria-t-il, — ne vous impatientez pas! — Voilà la monnaie demandée.

Et courant en se tortillant vers le guichet de la caisse, — il déposa, sur les planchettes, deux gros sacs d'écus.

— Est-ce cela, mon maître? — dit-il.

— Oui, — répondit le caissier.

— Comptez !

— Jules ! pesez les sacs !

Jules prit les sacs et les pesa.

Pendant ce temps, Cuissard regardait curieusement autour de lui.

Le vieillard honteux, — en apercevant le marchand de maillots, — avait fait un soubresaut brusque et s'était rejeté dans l'ombre, s'efforçant de dissimuler toute sa personne.

Cuissard ne le vit pas : son attention était absorbée tout entière par les deux gentilles ouvrières :

— Ah ! mes petits amours, — dit-il de

sa voix discordante et en s'avançant, — se trémoussant, — se tortillant, — sautillant, — ah ! ah ! mes petits amours ! nous venons donc voir *ma tante?* — Eh bien ! a-t-elle été aimable, *tantante?*

Les deux jeunes filles se mirent à rire :

— Pas trop ! — dit Emma.

— Voyez-vous cela ! — fit Cuissard en ouvrant sa bouche énorme. — Eh bien ! si *tantante* est méchante, — il faut venir voir *nononcle !*

Et il se désigna.

— Ah ! vieux chat enragé ! — murmura Louise.

Cuissard reprit ses airs aimables et galants.

Le commis aux engagements continuait sa besogne.

Bientôt, — il se trouva seul avec le vieillard.

— A vous, — monsieur, — répéta-t-il.

Le vieillard hésita encore, — puis il fit un effort sur lui-même et s'avança.

Il déposa son petit paquet sur la planche. Dénouant le mouchoir d'une main tremblante, — il écarta les coins.

Deux paires de contre-épaulettes, — moitié or, — moitié laine, — comme celles que portent les adjudants sous-officiers, apparurent alors au grand jour.

Ces épaulettes usées, — salies, — attestaient de nombreux états de service.

Le commis jeta sur ces vieux insignes militaires un dédaigneux regard.

— Combien demandez-vous ? — dit-il.

— Soixante francs ! — répondit le vieillard d'une voix tremblante.

— Impossible !

— Mais alors... combien prêterez-vous ?

— Cent sous !

— Pas plus ?

— Pas plus !

Le vieillard porta la main à sa poitrine comme pour étouffer les battements de son cœur.

Puis, — après un silence, — après une hésitation nouvelle décelant un violent et terrible combat intérieur, — il fouilla dans sa poche et en tira un petit écrin en chagrin tout usé.

Ouvrant cet écrin d'une main qui tremblait tellement qu'elle faillit laisser tomber l'objet qu'elle tenait, — il le présenta au commis.

Cet écrin contenait une petite croix de chevalier de la Légion-d'honneur, toute garnie de diamants.

XVI

Les grisettes.

L'employé prit l'écrin et examina la petite croix avec cette indifférence profonde de l'homme qui, en contact perpétuel avec les gens nécessiteux, est habitué à voir faire de l'argent avec tout, même avec les objets les plus utiles ou les plus dignes de respect.

— Quarante francs. — dit-il.

— Quarante francs ! — répéta le vieillard qui paraissait attendre avec une anxiété profonde.

— Et cinq pour les épaulettes, — en tout quarante-cinq !

— Monsieur, il m'en faut soixante ! — dit le vieillard avec un accent très-ému.

— Impossible. — Ce sont des *roses*...

— Cependant...

— Je ne puis estimer plus.

— Monsieur, je vous en prie !...

— C'est impossible, vous dis-je !

— Mais il me faut soixante francs, — dit
encore le vieillard d'une voix déchirante.

— Avez-vous autre chose ?

— Non, monsieur , je n'ai rien... plus
rien !...

Et le vieillard déboutonnant sa redingote
avec un geste fébrile, fouilla successivement
dans toutes ses poches.

Ses mains tremblaient et sa respiration
était sifflante.

— Rien !... plus rien ! — dit-il, — vous
le voyez !

— Alors , prenez quarante-cinq francs.

— Il m'en faut soixante, monsieur !...
soixante francs aujourd'hui même... sans
cela ma fille, — une pauvre veuve, — sera
sans asile avec ses petits enfants, — par
pitié...

— Acceptez-vous ? — interrompit l'employé sans paraître ému du ton de désespoir du vieillard.

— Soixante francs...

— Décidez-vous !

De nouveaux emprunteurs arrivaient en
ce moment.

— C'est oui ou non ! — dit le commis, —
je n'ai pas le temps d'attendre...

— Oui ! — dit le vieillard.

Le commis prit la croix et ramassa les épaulettes.

— Passez à la caisse ! — ajouta-t-il.

Le vieillard se traîna péniblement vers la pièce voisine.

Il était très-pâle.

Louise et Emma, — ces deux jeunes filles qui paraissaient se trouver à l'aise dans les bureaux du Mont-de-Piété, comme des habituées du logis, — Louise et Emma, — en attendant leur tour de toucher, — avaient involontairement entendu une partie de la conversation qui venait d'être échangée au bureau des engagements.

— Pauvre vieux ! — dit Louise.

— Il fait de la peine ! — ajouta Emma.

— Et cet autre qui ne met pas seulement cent sous de plus.

— Je n'aime pas cet employé là, — moi !

— Ni moi !

— A vous, mesdemoiselles ! — dit Cuissard.

Les deux jeunes filles s'avancèrent vers le guichet, — signèrent le livre et reçurent leur argent et leur reconnaissance.

— Au revoir, — mes petits amours, —

ajouta Cuissard. — Est-ce que vous demeurez dans le quartier ?

— Qu'est-ce que ça vous fait? — répondit
Louise.

— Dites toujours !

— Pourqui faire ?

— Histoire de savoir si j'ai d'aussi jolies
voisines.

— Laissez-nous donc tranquilles.

— Voulez-vous que je vous reconduise?

— As-tu fini ! — dit Emma.

Et elle repoussa Cuissard qui s'était ap-
proché pour lui prendre le bras.

— Allez donc soigner votre femme ! — ajouta Louise, — vous êtes trop petit ! nous aimons les grands, nous !

— Bah ! — dans les petites boîtes les bons onguents.

— Nous ne sommes pas malades...

— Et nous n'avons pas besoin de drogue !

Et les deux jeunes filles, — riant comme deux folles, — quittèrent la caisse pour gagner le porte de sortie.

Cuissard s'élança après elles, mais il se trouva face à face avec le vieillard qui entrait alors dans le bureau.

Lorsque Cuissard avait apparu dans la

première pièce, apportant la monnaie demandée, — le vieillard avait fait un mouvement brusque comme pour éviter d'être vu.

Cette fois, — au contraire, — il arrêta le marchand de maillots qui passait près de lui sans le remarquer.

— Monsieur Cuissard, — dit-il.

Cuissard s'arrêta et regarda le vieillard.

— Tiens !—fit-il, —c'est vous, père Mathieu ? — Qu'est-ce que vous venez faire ici ? — Engager vos dernières nippes pour faire une dernière noce ?...

— Monsieur Cuissard... — balbutia le malheureux.

— Toujours sacripant, — hein ?

— Rendez-moi un grand service… prêtez-moi les quinze francs qui me manquent et que je n'ai pu obtenir !

— De quoi ? de quoi ? — fit Cuissard, — faut donc aller gobichonner ?

— Il faut sauver ma fille !

— Oui ! je la connais celle-là !

— Monsieur Cuissard ! — par pitié !…

— Brrrr… — fit Cuissard en pivotant sur lui-même, — laissez-donc ! Est-ce que je donne là dedans !

Le vieillard saisit Cuissard par le bras et se cramponna à lui.

— Ma fille et ses trois petits enfants vont être chassés de leur logement aujourd'hui, si je n'ai pas soixante francs à donner au logeur... — dit le vieillard en proie à l'émotion la plus violente, — vous avez été mon ami...

— Ah ! je ne peux pas payer pour tous ceux qui doivent !

— Prêtez-moi cet argent !...

— Je ne prête pas.

— Je vous le rendrai !...

— Avec quoi ! vous ne pouvez plus travailler...

— Ma pension...

— Elle est jolie !...

— Mais,..

— Ah ! je n'ai pas le temps de vous écouter davantage. — Ma femme m'attend. — Au revoir.

Et Cuissard, — se dégageant lestement, — s'élança au dehors.

Le vieillard étouffa un soupir qui lui déchirait la gorge et revint vers la caisse.

Il reçut les quarante-cinq francs... puis, s'appuyant au mur, — comme s'il eût eu peine à se soutenir, — il quitta à son tour le bureau du Mont-de-Piété.

Il descendit l'escalier en trébuchant.

Arrivé dans la cour, — il respira forte-
ment, comme si sa poitrine eût eu besoin
d'air.

Sa pâleur était devenue livide, et ses traits,
tirés et fatigués, étaient décomposés profondément.

Ses yeux fixes semblaient ne plus avoir
conscience du sentiment de la vue.

En sortant de la maison, — il tourna à
droite, — longeant toujours la muraille.

Une boutique de boulanger-pâtissier était
à quelques pas.

Dans cette boutique étaient Emma et Louise, — les deux jeunes ouvrières.

Toutes deux se bourraient à qui mieux mieux de gâteaux.

En longeant cette boutique, — le vieillard jeta sur la devanture un regard involontaire.

Ses yeux se fixèrent sur une montre pleine de pains à l'aspect appétissant.

Les prunelles se dilatèrent, — la figure s'éclaira, — une expression étrange se peignit sur la physionomie.

Le vieillard porta vivement la main à la poche dans laquelle il avait serré précieusement l'argent qu'il venait de toucher.

Il fit un pas comme pour franchir le seuil
de la boutique.

Mais une réflexion subite l'arrêta :

— Non ! non ! — dit-il, — je n'ai pas le
droit de toucher à cet argent !... Eux avant
tout !... Qu'ils mangent d'abord...

Et il reprit sa route, mais ses jambes
avaient peine à le soutenir et il paraissait,
— à chaque pas, — sur le point de défaillir.

Il s'arrêta près d'une porte cochère, et
s'appuya sur la borne de fonte qui servait
à préserver la muraille du choc des roues.

Là, — affaissé sur lui-même, — il demeura immobile, — l'œil fixe, — la tête

penchée sur la poitrine, — la respiration à peine sensible...

Il sentait la vie l'abandonner... son sang se retirant des extrémités affluait à la poitrine, — l'estomac vide était envahi par le flux... il s'évanouissait.

Assis sur la borne, — appuyé contre la muraille, — il ne tomba pas.

Quelques passants longèrent le trottoir sans remarquer la défaillance du vieillard.

Combien demeura-t-il de temps dans cet état de prostration absolue ?

Le vieillard n'aurait pu le dire.

Tout à coup de frais éclats de rire retentirent vaguement à son oreille...

Ces éclats sonores arrachèrent le malheureux à la torpeur qui l'accablait.

Sans se rendre compte de la situation, — de l'état dans lequel il se trouvait, — il fit un effort pour se relever, — mais il chancela et retomba sur la borne...

— Ah ! mon Dieu ! — fit une voix.

— Un homme qui se trouve mal ! — dit une autre voix.

— Tiens ! c'est le vieux de tout à l'heure !

— Ah ! comme il est pâle !

— Louise ! faut appeler du secours.

— Aide-moi, Emma ! il va m'entraîner.

C'était les deux jeunes filles, qui, — sortant de chez le boulanger-pâtissier où elles avaient amplement satisfait leur gourmandise, — avaient aperçu le vieillard et, — remarquant le malaise auquel il était en proie, — s'empressaient de lui prodiguer leurs soins.

— Qu'est-ce que vous avez ?

— Où avez-vous mal ?

— Que sentez-vous ?

— Pourquoi n'avoir pas appelé ?

Ces quatre interrogations partirent presqu'à la fois des deux bouches rosées qui les formulaient, — comme quatre fusées lancées rapidement par un feu d'artifice.

Le vieillard balbutia quelques mots inarticulés.

Deux ou trois passants s'étaient successivement arrêtés.

Huit ou dix personnes étaient accourues des boutiques environnantes.

Un rassemblement se forma autour du vieillard.

En un clin d'œil le trottoir et la moitié de la chaussée de la rue furent envahis.

Les interrogations se croisaient dans tous les sens :

— Qu'est-ce qu'il y a ?

— Est-ce un voleur ?

— Une dispute ?

— Un homme qui se trouve mal !

— Il tombe en catalepsie ?

— Il s'est jeté par la fenêtre ?

— Il a été écrasé ?

— C'est un homme ivre ?

Et cent autres suppositions formulées plus rapidement que nous ne les écrivons.

— Mais laissez-lui donc de l'air ! — s'écria Emma en repoussant la foule qui touchait le malheureux vieillard.

— Qu'est-ce que vous avez ? — lui demanda-t-on de toutes parts.

— J'ai faim ! — murmura le vieillard.

Un frisson parcourut la foule.

Rien n'est affreux, — horrible, — poignant, — saisissant, — comme ces deux mots : — *j'ai faim* — prononcés par une bouche serrée, — tandis que les traits du visage sont contractés par la souffrance, — que le corps ploie par la faiblesse, — que les membres tremblent, — que l'œil est terni.

J'ai faim! — Quel cœur endurci ne se sent pas ému en entendant ce cri affreux arraché par la torture à la nature défaillante.

Qui donc ne frémit pas en écoutant cet appel suprême du besoin fait à la charité chrétienne ?

Nous sommes heureux de le dire : — rarement, — bien rarement, — ces mots pleins d'angoisses sont prononcés à l'époque à laquelle nous vivons, — et lorsque, — par suite d'une fatalité que la prévoyance du gouvernement ne saurait deviner, — ce cri retentit, — pas une oreille ne se détourne pour refuser de l'entendre, — toutes les mains se tendent vers celui qui souffre et aux mots : *j'ai faim*, — à Paris, — dans tous les quartiers, — dans tous les rangs, — dans toutes les classes, vingt voix charitables répondent : *voilà du pain !*

Et ce qui arrive toujours en pareil cas, — arriva cette fois encore naturellement dans la circonstance que nous présentons au lecteur.

A peine le vieillard eut-il prononcé cette courte phrase déchirante, — qui fait saigner la bouche qui la prononce et les oreilles qui l'entendent, — que la foule, — un moment muette, atterrée, frissonnante, — se précipita avec un même élan et que toutes les mains se tendirent, unies par un même sentiment d'humanité.

Mais, — parmi ces mains charitables, —

les deux premières, — les deux plus promptes furent celles des deux ouvrières.

Louise et Emma, — les larmes aux yeux, — saisirent à la fois le vieillard.

— Vous avez faim ! — dit l'une.

— Vous avez faim ! — répéta l'autre.

— Et nous qui mangions des gâteaux !

— C'est affreux !

— C'est horrible !

— Venez, mon brave homme !

— Venez avec nous.

Les deux jeunes filles, — prenant le vieillard chacune par un bras, — se disposaient à l'entraîner avec elles.

— Nous nous chargeons de lui ! — dit Louise à la foule.

— Et nous sommes riches ! — ajouta fièrement Emma, en frappant sur la poche dans laquelle résonna l'argent du Mont-de-Piété !

La foule entière battit des mains.

Une voiture élégante, — admirablement attelée et appartenant évidemment à un homme du meilleur monde, — car de belles armoiries décoraient les panneaux, — une voiture, — disons-nous, — s'était arrêtée depuis quelques instants auprès de la foule.

Sans doute celui qu'elle contenait avait voulu s'enquérir de la cause de cette émotion populaire, — car il avait mis pied à terre tandis que le cocher contenait, — avec peine, — l'impatience fougueuse des chevaux.

Cet homme, — en entendant les paroles arrachées par la souffrance au vieillard, — avait tressailli comme ceux qui étaient près de lui.

Portant rapidement la main à son porte-monnaie, — il y prit une pièce d'or et il allait sans aucun doute la présenter au malheureux, — quand les deux grisettes avaient déclaré fièrement qu'elles prenaient le vieillard sous leur protection.

L'homme sourit doucement, — laissa re-

tomber la pièce dans son porte-monnaie, —
et se recula sans s'éloigner.

Il fit signe à son cocher de ranger l'équipage devant le trottoir opposé et il continua
à se mêler à la foule, — laquelle ne faisait
aucunement attention à lui.

FIN DU QUATRIÈME VOLUME.

[illegible]

[illegible]

[illegible]

[illegible]

[illegible]

[illegible]

[illegible]

[illegible]

TABLE

DU QUATRIÈME VOLUME.

—

Sceaux, imprimerie de E. Dépée.